本书得到以下项目支持：
国家特色蔬菜产业技术体系产业经济研究室（CARS-24-F-01）
河北省现代农业产业技术体系蔬菜产业经济岗（HBCT2018030301）
河北省教育厅人文社科重大攻关项目（ZD201917）
河北省科技厅软科学项目（19457520D）
河北省蔬菜产业协同创新中心
河北农业大学现代种植产业经济与政策研究协同创新团队
河北农业大学现代农业发展研究中心
河北省重点培育智库：乡村振兴战略研究中心

国家特色蔬菜产业技术体系产业经济系列丛书

2021年度中国特色蔬菜产业发展报告

2021NIANDU ZHONGGUO TESE SHUCAICHANYE FAZHAN BAOGAO

赵帮宏　宗义湘　乔立娟◎著

经济管理出版社
ECONOMY & MANAGEMENT PUBLISHING HOUSE

图书在版编目（CIP）数据

2021 年度中国特色蔬菜产业发展报告/赵帮宏，宗义湘，乔立娟著 . —北京：经济管理出版社，2021. 7

ISBN 978 - 7 - 5096 - 8167 - 1

Ⅰ. ①2…　Ⅱ. ①赵…　②宗…　③乔…　Ⅲ. ①蔬菜产业—研究报告—中国—2021　Ⅳ. ①F326. 13

中国版本图书馆 CIP 数据核字（2021）第 145590 号

组稿编辑：曹　靖
责任编辑：曹　靖　郭　飞
责任印制：黄章平
责任校对：张晓燕

出版发行：经济管理出版社
　　　　　（北京市海淀区北蜂窝 8 号中雅大厦 A 座 11 层　100038）
网　　址：www. E - mp. com. cn
电　　话：（010）51915602
印　　刷：唐山昊达印刷有限公司
经　　销：新华书店
开　　本：787mm × 1092mm/16
印　　张：10. 5
字　　数：236 千字
版　　次：2021 年 12 月第 1 版　　2021 年 12 月第 1 次印刷
书　　号：ISBN 978 - 7 - 5096 - 8167 - 1
定　　价：88. 00 元

前　言

　　《2021 年度中国特色蔬菜产业发展报告》是国家特色蔬菜产业技术体系系列产业发展报告的第七部著作，由产业经济研究室全体成员通力合作，通过深入调研、实地考察以及与各岗位专家、实验站长数次研讨修订完成此书。特色蔬菜种类繁多，布局广泛，涵盖辣椒、葱姜蒜、洋葱、芥菜、韭菜等辛辣类蔬菜与莲藕、茭白、芋头等水生类蔬菜。在国内国际双循环新发展格局下，国内外消费者对健康、营养、特色蔬菜产品关注度持续上升，生鲜电商的兴起与高效物流网络的建立，使区域特色鲜明的辛辣与水生蔬菜产品进入全国乃至国际大市场，产业发展潜力进一步提升。通过深入挖掘我国辛辣与水生蔬菜产业形势、消费变化、价格趋势、贸易格局与技术进步现状，客观评价特色蔬菜产业发展中存在的问题与不足，研判当前形势对特色蔬菜产业影响，测算特色蔬菜产业全要素生产率，对特色蔬菜产业发展进行全方位系统研究。

　　本书是中国特色蔬菜年度研究报告汇总，涵盖 11 篇特色蔬菜产业研究分报告，包括大蒜、辣椒、生姜、芥菜、水生蔬菜以及特色蔬菜国际贸易竞争力报告、产业全要素生产率测算报告、特色蔬菜技术分析报告等内容。研究以全国 26 个特色蔬菜产业体系综合实验站调研数据以及联合国粮农组织等官方数据库为基础，汇总 2020 年我国辛辣与水生蔬菜生产、消费、价格、贸易等相关数据信息写作完成，数据充分完善、结构清晰完整。

　　本书是在国家特色蔬菜产业体系首席科学家、中国工程院院士、湖南农业大学校长邹学校研究员指导下，由赵帮宏教授、宗义湘教授、乔立娟副教授负责全书的内容设计、统稿和审定工作，产业经济研究室白丽副教授、刘妍副教授、吴曼讲师、高洪波教授、王丽丽讲师、尹士教授分篇章撰写，研究生张娟娟、吴璐瑶、董雨涵、寇春雨参与数据的搜集、处理与文稿校对工作。

　　期望此书能够为农业相关部门、专家学者以及特色蔬菜生产经营主体精确把握产业动态提供参考依据！感谢所有专家、学者、农技推广人、企业、种植户的协助与支持！

国家特色蔬菜产业技术体系产业经济研究室

2021 年 11 月于保定

目　录

下篇 产业研究篇

上篇　产业发展篇

第一章　2020 年度中国辣椒产业发展形势

一、国内外产业形势

辣椒是我国最大的蔬菜作物,2018 年中国辣椒种植面积为 124.76 万公顷,年产量为 1853.52 万吨,年产值在 2500 亿元以上。此外,我国是世界上最大的辣椒生产国、消费国与主要辣椒出口国,年贸易量为 56.6 万吨,贸易额达 9.93 亿美元。

(一) 国际产业形势分析

1. 全球辣椒生产情况

干鲜辣椒种植主要分布在亚洲、非洲、美洲,其中,亚洲种植面积占全球种植面积的 6~7 成。2018 年全球鲜辣椒种植面积 1990.4 千公顷,干辣椒种植面积 1776.3 千公顷,全球鲜辣椒产量为 3677.1 万吨,干辣椒产量为 416.5 万吨。辣椒和辣椒制品多达 1000 余种,国际间贸易量也逐年增加,辣椒已经成为最具有发展潜力的农业经济作物之一,如图 1-1 和图 1-2 所示。

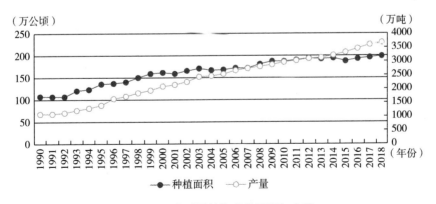

图 1-1　全球鲜辣椒种植面积与产量

从全球干辣椒种植面积来看,发展趋势较为稳定,但随着育种行业的发展,世界干辣椒产量逐年提高。2017 年达最高值为 443.75 万吨,干辣椒生产形势好。从全球鲜辣椒生

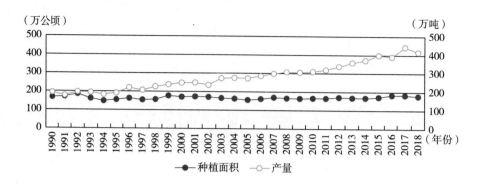

图 1 - 2　全球干辣椒种植面积与产量

资料来源：FAO 数据库（http：//www.fao.org/faostat/en/#data/Q）计算。

产情况来看，鲜辣椒种植面积逐年增长，2018 年达到峰值，辣椒产业的生产与消费在全球持续升温。

2. 全球辣椒贸易情况

全球主要的鲜辣椒进口国为美国与德国，占全球鲜辣椒进口额的 46.99%，主要的鲜辣椒出口国为墨西哥与西班牙，占全球鲜辣椒出口额的 47.18%。而中国鲜辣椒出口量为 18.9 万吨，出口额为 1.53 亿美元。中国鲜辣椒国际市场结构受限于储存难与保鲜技术水平低，鲜辣椒出口仅辐射 23 个国家与地区。其中，中国最大鲜辣椒出口市场为俄罗斯，占中国出口额的 39.24%，泰国、越南新兴市场分外抢眼，占中国出口量的 17.6%，交易市场主要以邻近的国家和地区为主，如图 1 - 3 所示。

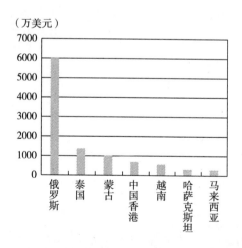

图 1 - 3　2019 年全球鲜辣椒主要出口国

资料来源：根据 UN comtrade 数据库计算。

国际贸易中的干辣椒以辣椒干、辣椒粉、辣椒酱、辣椒油、腌制辣椒等初级加工产品，以及辣椒碱、辣椒精、辣椒红色素等深加工产品为主。就主要干辣椒出口国家来看，印度是全球最大的干辣椒出口国，出口额占全球总出口额的 39.81%，稳居第一。中国是干辣椒贸易额第二的国家，中国干辣椒贸易额为 8.39 亿美元，占世界贸易总额的 21.23%，出口 104 个国家与地区。主要的出口国家有西班牙、墨西哥、美国，占中国出口贸易额的 43.82%，如图 1-4 所示。其中，韩国是进口中国干辣椒排名第七的国家，2019 年韩国 96.6% 的干辣椒来自中国，对韩国干辣椒市场具有垄断性。此外，在辣椒精深加工产品出口领域，河北晨光生物有限公司作为中国重要辣椒深加工企业，其辣椒红素出口量持续增长。中国辣椒红素出口量占全球总出口量的 80% 以上，在国际贸易中具有垄断地位，中国干辣椒在出口方面具有一定优势。

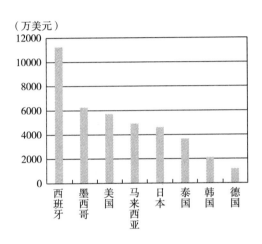

图 1-4　2019 年全球干辣椒主要出口国

资料来源：根据 UN comtrade 数据库计算。

（二）国内产业形势分析

1. 鲜辣椒生产发展情况

1961~2018 年，我国鲜辣椒种植面积从 0.042 亿亩增长到 0.115 亿亩，增长了 173.8%。单产从 742.58 千克/亩上升到 1573.63 千克/亩，增长了 111.9%。总产从 0.031 亿吨增长到 0.182 亿吨，增长了 487.1%，如图 1-5 所示。

基于鲜辣椒种植面积、总产、单产三个角度进行分析：从鲜辣椒的种植面积来看，自 1961 年开始，发展趋势变化可分为两个阶段：以 1991 年为时间节点，前期鲜辣椒种植面积较为稳定，后期鲜辣椒种植面积高速增长后增速变缓。鲜辣椒种植面积波谷在 1972 年为 144.11 万亩，波峰出现在 2018 年为 1157.45 万亩，相差 7.03 倍。从鲜辣椒的总产来看，1991 年前总产走势较低且平稳，后期逐年激增。自 2013 年以后，总产保持较高水平发展，最高总产在 2018 年为 1821.4 万吨。从单产来看，鲜辣椒单产出现缓慢增长，单产提高对总产增加的贡献率为 63.73%。自 1977 年干辣椒单产维持在 1072.51 千克/亩，在 2018 年出现峰值达 1573.63 千克/亩，单产增幅较小，但保持在较高水平。

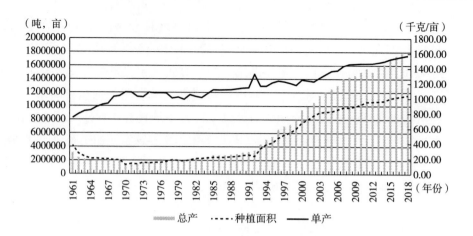

图 1 - 5　1961 ~ 2018 年我国鲜辣椒单产、种植面积和总产情况

资料来源：FAO 数据库（http：//www. fao. org/faostat/en/#data/Q）计算。

2. 干辣椒生产情况

1961 ~ 2018 年，我国干辣椒种植面积从 28.5 万亩增长到 71.63 万亩，增长了 43.13 万亩，增长率为 151.33%。单产从 221.05 千克/亩上升至 448.54 千克/亩，增长率为 102.9%。总产从 6.3 万吨增长到 32.13 万吨，增长了 3.1 倍，如图 1 -6 所示。

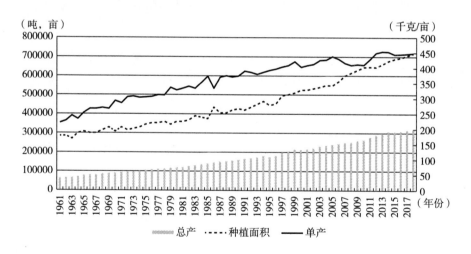

图 1 - 6　1961 ~ 2018 年我国干辣椒单产、种植面积和总产情况

资料来源：FAO 数据库（http：//www. fao. org/faostat/en/#data/Q）计算。

基于干辣椒种植面积、总产、单产三个角度进行分析。干辣椒种植面积自 1961 年开始，发展方向呈现波动上升趋势且涨幅较大。从种植面积来看，最低种植面积与最高种植面积均为统计时间起点与截点，2018 年种植面积是 1961 年种植面积的 2.5 倍。其中，以 1986 年为节点分为两个阶段，前期增长较为和缓，后期增幅明显高于前期；从总产来看，干辣椒产量随着种植面积的增长而稳步增加。自 2013 年起，我国干辣椒年产量维持在 30

万吨，2018 年总产达 32.13 万吨，是历年干辣椒产量最高值；从单产来看，干辣椒单产逐年上升，且单产提高对总产增加的贡献率为 50.7%。自 1977 年，干辣椒单产维持在 400 千克/亩，在 2013 年出现峰值达 454.55 千克/亩，后期受自然灾害影响，干辣椒单产出现波动，但总体来看单产保持在较高水平。

二、辣椒产业国际比较分析

从土地产出率的角度，研究鲜辣椒与干辣椒的产业发展现状。与世界鲜辣椒主要生产国家美国、土耳其、印度尼西亚、墨西哥和西班牙相比，我国鲜辣椒土地产出在全球处于领先水平，但仍有潜力可挖。与世界干辣椒主要生产国家印度、西班牙、泰国、美国、马来西亚相比，我国干辣椒土地产出率在全球处于较高水平。

（一）辣椒主产国土地产出率

1. 鲜辣椒土地产出率

从土地产出率来看，近三年来，我国每亩鲜辣椒的土地产出率远高于印度尼西亚的土地产出率，分别是印度尼西亚的 3.07 倍、3.07 倍、2.86 倍；略高于墨西哥的土地产出率，分别是墨西哥的 1.44 倍、1.14 倍、1.10 倍。但是，我国鲜辣椒的投入产出率逐年下降，平均投入产出率为 0.59 元/千克，投入产出效益较低，如表 1-1 所示。

表 1-1　全球鲜辣椒主产国家土地产出率　　　　　单位：千克/亩

年份	中国	西班牙	印度尼西亚	墨西哥	土耳其	美国
2004~2006	1352.00	3117.05	379.87	1182.29	1509.87	1909.50
2007~2009	1451.18	3244.51	348.32	1130.42	1583.66	1973.60
2010~2012	1447.70	3463.01	438.75	922.69	1693.99	2175.68
2013~2015	1501.60	3925.61	479.25	1109.90	1810.15	2292.05
2016~2018	1558.35	4096.70	519.68	1293.07	1841.17	2229.86

资料来源：FAO 数据库（http://www.fao.org/faostat/en/#data/Q）计算。

2. 干辣椒土地产出率

我国土地产出率领先于其他国家，近三年来，中国是印度的 3.01 倍，是西班牙的 2.19 倍，是美国与泰国的 2.49 倍左右，远高于马来西亚，是马来西亚的 9.51 倍。此外，近三年来，我国农户每投入 0.15 元，便可产生 1 千克干辣椒，投入产出效率较高，如表 1-2 所示。

表1-2　全球干辣椒主产国家土地产出率　　　　　单位：千克/亩

年份	中国	印度	西班牙	泰国	美国	马来西亚
2004～2006	431.89	106.33	186.50	146.00	—	59.12
2007～2009	413.04	106.65	194.92	152.56	—	55.99
2010～2012	429.98	106.08	202.19	164.23	181.28	51.78
2013～2015	450.87	132.43	192.94	233.90	180.87	50.12
2016～2018	447.10	148.50	204.13	179.89	179.38	47.00

资料来源：FAO数据库（http：//www.fao.org/faostat/en/#data/Q）计算。

（二）辣椒国际出口贸易比较分析

西班牙已成为最大的鲜辣椒出口国，西班牙、墨西哥两国鲜辣椒出口额占比从2015年的41.51%增至2018年的47.18%，呈现寡头垄断态势。中国是鲜辣椒第一生产国，但出口额不及美国，2019年世界出口额排名为第9位；印度是最大的干辣椒出口国，且在世界贸易中地位持续升高。中国作为全球第二大干辣椒出口国，占据全球干辣椒出口24.84%的市场份额，与印度存在差距。印度与中国干辣椒年出口额为13.79亿元，占全球出口额的64.64%，具有垄断地位，如表1-3和表1-4所示。

表1-3　2015～2019年全球鲜辣椒主要出口国家出口额及占比

单位：百万美元，%

年份 国家	2015		2016		2017		2018		2019	
	出口额	占比	出口额	占比	出口额	占比	出口额	占比	出口额	占比
墨西哥	925.43	20.29	1106.09	22.39	1047.30	19.27	1164.92	21.53	1327.15	23.66
西班牙	965.32	21.22	1095.60	22.19	1139.96	22.28	1220.52	22.56	1319.23	23.52
新西兰	1027.03	22.47	1017.05	20.59	1076.68	21.07	1075.29	19.88	1082.12	19.29
加拿大	332.80	7.28	343.60	6.96	351.82	6.88	387.94	7.17	439.19	7.83
美国	217.82	4.77	252.49	5.11	231.75	4.54	242.64	4.49	252.88	4.51
摩洛哥	75.34	1.65	81.49	1.65	156.66	3.07	157.98	2.92	132.80	2.37

资料来源：根据UN comtrade数据库计算。

表1-4　2015～2017年全球干辣椒主要出口国家出口额及占比

单位：百万美元，%

年份 国家	2015		2016		2017	
	出口额	占比	出口额	占比	出口额	占比
印度	763.17	42.02	682.75	36.20	849.23	39.81
中国	459.77	25.32	534.37	28.33	529.86	24.84
西班牙	160.26	8.82	173.36	9.19	182.79	8.57

续表

年份 国家	2015		2016		2017	
	出口额	占比	出口额	占比	出口额	占比
秘鲁	75.56	4.16	89.89	4.77	91.51	4.29
乌兹别克斯坦	6.66	0.37	11.13	0.59	76.60	3.59
墨西哥	48.41	2.67	56.23	2.98	60.04	2.81
德国	43.05	2.37	44.59	2.36	43.34	2.03
荷兰	26.67	1.47	30.62	1.62	25.31	1.19
美国	18.89	1.04	24.89	1.32	24.07	1.13
突尼斯	22.04	1.21	26.61	1.41	21.77	1.02

资料来源：根据 UN comtrade 数据库计算。

三、辣椒主产区成本效益比较

（一）全国辣椒成本效益总体情况

鲜辣椒与干辣椒在产量、投入成本方面差异较大，因此进行分类核算。

2016～2020 年，我国鲜辣椒亩产量出现小波动，2018 年亩产值为峰值，每亩产量为 2952.12 千克/亩。最低值出现在 2020 年，受高温与连续降雨的影响，平均每亩较 2018 年降低 814.62 千克，自然灾害对我国露地鲜辣椒产量影响较大。2020 年产值也较往年偏低为 6412.06 元/亩，降幅为 16.65%。2020 年的成本利润率较往年也出现下滑趋势，较往年下跌 45.38%，较五年平均利润率低 29.1%，2020 年鲜辣椒投入产出情况差。在辣椒产量与产值大幅下降的同时，成本利润率也出现下滑，但鲜辣椒种植总成本出现连年增长。2020 年每亩总成本为 3425.45 元，较往年增加 110.39 元。总成本的增加主要体现在鲜辣椒生产成本方面，尤其是人工成本，较 2016 年每亩人工成本增长 349.77 元，涨幅为 30.7%，而土地成本表现较为稳定，为 568.75 元/亩，如表 1-5 所示。

表 1-5 2016～2020 年鲜辣椒全国生产成本收益情况

年份	2016	2017	2018	2019	2020
每亩主产品产量（千克）	2326.94	2634.28	2952.12	2718.35	2137.50
每亩主产品产值（元）	6486.99	6443.42	6722.89	7692.69	6412.06
每亩成本利润率（%）	128.30	112.02	119.83	132.05	86.67
每亩净利润（元）	3645.58	3404.32	3664.67	4377.62	2986.61
每亩总成本（元）	2841.41	3039.11	3058.23	3315.06	3425.45
每亩生产成本（元）	2274.39	2465.02	2464.65	2739.43	2856.70

续表

年份	2016	2017	2018	2019	2020
每亩物质与服务成本（元）	1135.10	1223.49	1162.77	1336.50	1367.64
每亩人工成本（元）	1139.29	1241.54	1301.88	1402.93	1489.06
每亩土地成本（元）	567.02	574.08	593.58	575.64	568.75
每50千克主产品平均出售价格（元）	139.39	122.30	113.87	141.50	149.99
每50千克主产品总成本（元）	61.05	57.68	51.80	60.98	77.41
每50千克主产品生产成本（元）	48.87	46.79	41.74	50.39	66.82
每50千克主产品净利润（元）	78.33	64.62	62.07	80.52	72.58

资料来源：国家特色蔬菜体系调研。

2020 年，我国干辣椒产区的产量与价格均保持较高水平。根据主产区统计数据发现，2020 年全国干辣椒平均亩产量为 361.62 千克，较 2019 年每亩减产 75.88 千克，其中，新疆地区干辣椒平均亩产量达到 505.11 千克。2020 年干辣椒平均亩产值为 4158.33 元，较往年下降 44.45%。说明 2020 年干辣椒行情较差，每亩成本利润率较 2019 年下降 78.2 个百分点，干辣椒收益情况较 2019 年相比较差。通过观察往年数据，2016 年与 2017 年干辣椒净收益为负值，农户处于亏损状态，自 2018 年以来，干辣椒收益情况显著提高。2020 年干辣椒平均每亩总成本为 2557.92 元，低于 2019 年干辣椒种植成本，其中物质服务成本的下降是主要因素，如表 1-6 所示。

表 1-6　2016~2020 年干辣椒全国生产成本收益情况

年份	2016	2017	2018	2019	2020
每亩主产品产量（千克）	288.20	270.29	340.09	437.50	361.62
每亩主产品产值（元）	2940.82	2746.86	3499.83	7485.51	4158.33
每亩成本利润率（%）	-0.90	-2.45	10.64	140.77	62.57
每亩净利润（元）	-26.66	-69.07	336.45	4376.49	1600.41
每亩总成本（元）	2967.48	2815.92	3163.39	3109.01	2557.92
每亩生产成本（元）	2409.14	2230.92	2579.25	2447.59	1980.50
每亩物质与服务成本（元）	1261.43	1080.92	1140.79	1238.61	963.96
每亩人工成本（元）	1147.71	1150.00	1438.46	1208.98	1016.54
每亩土地成本（元）	558.33	585.00	584.14	661.42	539.12
每50千克主产品平均出售价格（元）	510.20	508.13	514.55	855.48	574.96
每50千克主产品总成本（元）	514.82	520.91	465.09	355.31	353.68
每50千克主产品生产成本（元）	417.96	412.69	379.20	279.72	273.84
每50千克主产品净利润（元）	-4.62	-12.78	49.46	500.17	221.28

资料来源：国家特色蔬菜体系调研。

（二）各类生产成本占比

辣椒属于劳动密集型作物，2020年鲜辣椒人工成本占比达45%，其次为物质与服务成本，占比41.33%，土地成本占比17.19%，较2019年来看，投入成本结构变化小，如表1-7所示。

表1-7 2016~2020年全国鲜辣椒生产各类成本占比　　　　单位：%

年份	2016	2017	2018	2019	2020
物质与服务成本	39.95	40.26	38.02	40.32	41.33
每亩人工成本	40.10	40.85	42.57	42.32	45.00
土地成本	19.96	18.89	19.41	17.36	17.19

资料来源：国家特色蔬菜体系调研。

我国干辣椒主产区成本构成中，同比2019年度，2020年成本结构占比较往年变化不大，与2018年之前相比变化较大。其变化与辣椒自动移栽机、收割机等机器设备的投入使用相关，如表1-8所示。

表1-8 2016~2020年全国干辣椒生产各类成本占比　　　　单位：%

年份	2016	2017	2018	2019	2020
物质与服务成本	42.51	38.39	36.06	39.84	37.69
每亩人工成本	38.68	40.84	45.47	38.89	39.74
土地成本	18.82	20.77	18.47	21.27	22.57

资料来源：国家特色蔬菜体系调研。

（三）各主产区生产成本比较

通过各主产区生产成本比较发现，江西、重庆的鲜辣椒种植成本高于平均水平，其中甘肃的种植成本最低。物质成本中，江西物质成本与人工成本投入最高，每亩人工成本高于平均水平1352.57元，如表1-9所示。

表1-9 2020年我国辣椒主产区各省每亩鲜辣椒生产成本及其构成　　　　单位：元/亩

项目 \ 省份	江西	湖南	云南	黑龙江	甘肃	重庆	平均
总成本	5455.06	3228.13	3060.20	2259.10	2255.36	3708.67	3334.84
物质成本	2289.02	1031.88	1210.15	1112.73	1167.86	1474.67	1381.05
人工成本	2711.48	1740.00	1203.29	541.82	350.60	1634.00	1358.91
土地成本	454.56	456.25	646.76	604.55	736.90	600.00	594.88

资料来源：国家特色蔬菜体系调研。

通过各主产区干辣椒种植成本及其构成发现，重庆辣椒种植成本最高，达到每亩 2555 元，贵州和新疆产区总成本也处于较高水平。河南干辣椒种植成本最低，其总成本仅为 1590 元，低于平均水平 680 元/亩，如表 1-10 所示。

表 1-10　2020 年我国辣椒主产区各省每亩干鲜辣椒生产成本及其构成　单位：元/亩

项目＼省份	山东	河南	新疆	内蒙古	重庆	贵州	平均
总成本	2262.69	1590.00	2546.57	2120.84	2555.00	2540.55	2269.28
物质成本	746.75	490.00	1146.57	1029.17	905.00	708.55	837.67
人工成本	772.19	500.00	900.00	675.00	850.00	1462.00	859.87
土地成本	743.75	600.00	500.00	416.67	800.00	370.00	571.74

资料来源：国家特色蔬菜体系调研。

（四）不同类型经营主体生产成本比较

通过对不同类型经营主体成本收益比较发现，在鲜辣椒生产中，种植大户亩产量与产值最高，种植大户成本利润率高于农户 6 个百分点。农户平均种植总成本最低为 2993.14 元，同时亩产值也最低为 5698.41 元/亩，种植效益与种植大户与合作社存在一定差距；干辣椒在种植中，合作社亩产量最高为 408.73 千克，农户次之，种植大户最低为 289.42 千克/亩。从投入成本来看，三种经营主体差距不大，每亩平均生产成本在 2562.62 元左右；从效益情况来看，合作社与种植大户的每亩净利润相当，为 2035.19 元，高于农户 436.51 元。因此，干辣椒种植，种植大户与合作社成本利润率明显高于个体农户，如表 1-11 所示。

表 1-11　2020 年全国农户、专业合作社、种植大户辣椒成本收益比较

类别	鲜辣椒			干辣椒		
	合作社	农户	种植大户	合作社	农户	种植大户
主产品产量（千克）	2101.26	2096.69	2319.04	408.73	349.66	289.42
主产品产值（元）	6083.64	5698.41	7406.18	4493.15	4177.56	4685.11
成本利润率（%）	97.99	90.38	96.41	83.61	61.99	76.08
净利润（元）	3011.01	2705.27	3635.46	2046.09	1598.68	2024.28
总成本（元）	3072.63	2993.14	3770.72	2447.06	2578.88	2660.83
生产成本（元）	2452.50	2448.72	3257.32	1884.84	1984.21	2063.41
物质与服务成本（元）	1214.04	1101.51	1701.32	932.78	876.34	996.33
每亩人工成本（元）	1238.46	1347.21	1556.00	952.06	1107.87	1067.08

续表

类别	鲜辣椒			干辣椒		
	合作社	农户	种植大户	合作社	农户	种植大户
土地成本（元）	628.57	557.29	513.19	563.89	533.78	566.67
每50千克主产品平均出售价格（元）	144.76	135.89	159.68	549.65	597.37	809.40
每50千克主产品总成本（元）	73.11	71.38	81.30	299.35	368.77	459.68
每50千克主产品生产成本（元）	58.36	58.39	70.23	230.57	283.73	356.47
每50千克主产品净利润（元）	71.65	64.51	78.38	250.30	228.60	349.71

资料来源：国家特色蔬菜体系调研。

四、我国辣椒产业存在的主要问题

（一）我国辣椒育种与市场需求仍有差距

我国地方常规品种发展受品种退化、生产成本上升等因素影响，部分地区种植面积呈下降态势。如河北省望都县、鸡泽县传统的羊角椒，云南省会泽县大辣椒与丘北二角椒等常规品种在种植过程中，农户自留辣椒种子进行培育，导致辣椒品质参差不齐，且连续重茬种植导致辣椒病害加重，影响椒农种植积极性。

（二）我国辣椒单产不高且价格波动性大

我国是辣椒生产大国，鲜辣椒种植面积与产量均排名全球第一。根据 FAO 统计数据，我国鲜辣椒单产从 1995 年每公顷 18.2 吨增长至 2017 年每公顷 23.4 吨，22 年间累计增长28.6%，年均增长仅 1.3%。而 2017 年，鲜辣椒单产最高的英国达到每公顷 242 吨，德国为每公顷 130.7 吨，西班牙为每公顷 62.3 吨，法国为每公顷 46.87 吨，美国为每公顷36.9 吨，中国单产排名第 8 位，略高于墨西哥单产水平，印度鲜辣椒单产最低。

辣椒单产低，在国际市场上同等价格水平下，必影响辣椒种植户的收益水平。虽然近年来我国在鲜辣椒育种、田间管理方面均取得较大进步，但相对于欧美发达国家辣椒种植水平，仍有较大差距。

（三）辣椒栽培技术与机械化水平落后

辣椒属于劳动密集型作物，从育苗、移栽、定植、打杈、采收、分级等环节都需大量人工。在西南干辣椒产区，辣椒种植中仅辣椒采摘的人工成本便接近总成本的 50%。而在北方产区，三樱椒干辣椒人工去把的价格已达到 2 元/千克，辣椒种植密度大，亩株数在 10000 株以上，人工移栽作业强度大，效率低，尤其是规模化辣椒种植主体，在辣椒移栽、采收中，"用工难、用工贵"成为最主要制约因素。我国大宗农产品机械化水平发展较快，但对于蔬菜产业，由于种植规模小、种植模式不统一、产品鲜活易损等问题，使蔬菜机械化水平较为滞后。目前蔬菜机械水平较高的作物主要以胡萝卜、马铃薯等根茎类作物为主，大葱机械化水平发展较快，但大蒜、辣椒等农艺复杂，采收标准要求较高的蔬菜产品，机械化水平仍处于起步阶段。对辣椒而言，目前机械化操作的重点集中于移栽与采收环节。但辣椒种植模式复杂，标准化程度低，有 1.2 米一膜四行模式、1.4 米一膜四行模式、2.05 米一膜六行模式，还有麦椒套作、蒜椒套作等不同模式，导致机械设施难度大、成本高。在辣椒采收环节，由于不同种植模式对采收机械要求显著不同。因此，目前采收主要以整株切割，打捆，然后再由人工去把、分级。另外，农业机械的购买费用、折旧费、作业成本、保养费、维修费、配套人工操作费等费用在推广前期可能在成本降低方面不占优势，且采收作业中辣椒损伤率远高于人工作业，使在小规模农户中推广受到制约。

五、强化科技支撑辣椒生产的政策建议

（一）设立品种培育重大专项

设立辣椒品种培育重大专项，含地方品种提纯复壮、新品种选育及国外新品种引进。针对传统辣椒产区受辣椒重茬等因素导致的传统品种混杂、退化的问题，应设立攻关专项，对鸡泽辣椒、望都辣椒、会泽辣椒等地方品种进行提纯复壮工作。加大对大果型、抗病型、早熟型加工辣椒品种选育扶持，引进国外新品种，增加鲜辣椒国际市场出口。

（二）打造全国辣椒科技战略联盟并健全辣椒科研创新补贴制度

为强化科技支撑辣椒生产，政府还需加大对科技创新的投入力度，设立攻关专项，建立专项资金，打造全国辣椒科技战略联盟。一是加强与高校、科研院所的科技合作，建立和完善长效合作机制；二是推动龙头企业与优质高校、科研所开展深度合作，满足加工辣椒产业发展需求。此外，对辣椒品种选育、专利申请、示范推广与区域品牌与公共品牌创建提供相应的补贴，破解资金"瓶颈"，提高科研工作效率。

（三）辣椒新型生产技术研发专项并设立辣椒一体化示范项目

设立辣椒种植与加工环节技术创新专项，涵盖土壤培肥、种植、生产、加工、贮运等。辣椒产业链条长，食品业与工业用途广，应加大对采后初级与深加工专项支持。此外，对辣椒产业集成技术示范推广提供专项补贴与支持，通过对合作社、园区等规模主体基础设施建设、品牌创建提供扶持，开展辣椒标准园与精品种植基地示范创建，推广新品种与新技术。

第二章　2020 年度中国大蒜产业发展形势

一、国内外产业形势分析

目前，世界大蒜收获面积和产量均呈稳定上升态势，2019 年面积为 0.2452 亿亩，总产量为 0.3071 亿吨。世界主要的大蒜生产国有中国、印度、孟加拉国、俄罗斯和乌克兰等。中国大蒜生产量为 0.2331 亿吨，占世界总产量的 75.89%；印度产量为 0.0291 亿吨，占世界总产量的 9.48%；孟加拉国产量为 0.0047 亿吨，占世界总产量的 1.52%；俄罗斯产量为 0.0020 亿吨，占世界总产量的 0.60%；乌克兰产量为 0.0022 亿吨，占世界总产量的 0.70%。总的来说，世界大蒜生产量的平均增幅为 3.48%，如表 2-1 所示。

表 2-1　世界主要主产国大蒜生产规模　　　　单位：亿亩，亿吨，%

国家	年份	2010	2011	2012	2013	2014	2015	2016	2017	2018	2019
中国	面积	0.1206	0.1192	0.1201	0.1174	0.1187	0.1263	0.1228	0.1235	0.1244	0.1251
	占比	60.14	57.36	55.36	54.75	55.89	56.24	54.42	52.91	52.22	51.03
	产量	0.1855	0.1851	0.1849	0.1923	0.2005	0.2177	0.2158	0.2216	0.2275	0.2331
	占比	82.17	80.16	79.09	79.29	80.21	80.77	79.65	79.33	78.95	75.89
印度	面积	0.0247	0.0301	0.0363	0.0372	0.0347	0.0393	0.0422	0.0482	0.0476	0.0537
	占比	12.33	14.48	16.74	17.35	16.32	17.50	18.67	20.62	19.95	21.09
	产量	0.0083	0.0106	0.0123	0.0126	0.0125	0.0143	0.0162	0.0169	0.0161	0.0291
	占比	3.69	4.58	5.25	5.19	5.01	5.29	5.97	6.06	5.59	9.48
孟加拉国	面积	0.0247	0.0301	0.0363	0.0372	0.0347	0.0393	0.0422	0.0482	0.0476	0.0537
	占比	2.77	3.03	3.06	2.97	3.74	3.81	4.04	4.26	4.50	4.39
	产量	0.0016	0.0021	0.0023	0.0022	0.0031	0.0035	0.0038	0.0043	0.0046	0.0047
	占比	0.73	0.91	1.00	0.92	1.25	1.28	1.41	1.52	1.60	1.52
俄罗斯	面积	0.0040	0.0040	0.0042	0.0041	0.0043	0.0043	0.0033	0.0032	0.0033	0.0032
	占比	2.00	1.93	1.92	1.92	2.01	1.90	1.44	1.38	1.38	1.29
	产量	0.0021	0.0023	0.0024	0.0023	0.0026	0.0025	0.0020	0.0021	0.0021	0.0020
	占比	0.95	1.01	1.02	0.96	1.03	0.95	0.75	0.74	0.74	0.60

续表

国家＼年份		2010	2011	2012	2013	2014	2015	2016	2017	2018	2019
乌克兰	面积	0.0029	0.0032	0.0034	0.0034	0.0033	0.0031	0.0032	0.0032	0.0033	0.0035
	占比	1.46	1.53	1.56	1.59	1.55	1.39	1.40	1.38	1.40	1.44
	产量	0.0016	0.0017	0.0017	0.0019	0.0019	0.0018	0.0019	0.0019	0.0019	0.0022
	占比	0.70	0.74	0.73	0.77	0.76	0.65	0.69	0.67	0.65	0.70
世界	面积	0.2006	0.2077	0.2169	0.2144	0.2124	0.2246	0.2258	0.2335	0.2383	0.2452
	产量	0.2257	0.2309	0.2341	0.2425	0.2499	0.2695	0.2710	0.2793	0.2881	0.3071

资料来源：FAO 数据库（http：//www.fao.org/faostat/en/#data/Q）计算。

二、大蒜产业供需平衡分析

（一）大蒜产品供给

大蒜在中国分布非常广泛，全国各地均有种植。大蒜主产省份主要有山东、江苏、河南、河北、云南和安徽等，其中，山东省大蒜生产、加工和出口均居中国第 1 位，素有"中国大蒜之乡"的美誉，种植面积长期在 200 万亩左右；河南省种植面积在 120 万亩左右；江苏省大蒜种植面积稳定在 45 万亩左右，另外安徽、河北、云南、黑龙江和辽宁等省份也逐渐形成了规模化大蒜种植。从全国范围来看，由于不同地区分时期播种以及同一地区分期播种，大蒜具有周年化生产特征，四川省和云南省大蒜 2～4 月收获，山东省、河北省、河南省和甘肃省 5～9 月陆续收获，安徽省 11～12 月收获。同时，由于大蒜的耐储存性，利用先进的贮藏、保鲜、加工技术，大蒜可以延长市场供应期。

1961～2018 年，我国大蒜种植面积从 0.0846 亿亩增长到 0.1190 亿亩，增长了 40.7%；单产从 408.53 千克/亩增长到 1877.19 千克/亩，增长了 3.59 倍；总产从 0.035 亿吨增长到 0.223 亿吨，增长了 5.38 倍。其中，1961～2019 年种植面积整体上呈现上升趋势，1961～1974 年这一阶段种植面积呈下降态势，1962 年降幅最大，较上一年下降了 0.024 亿亩；1975～2018 年整体呈上升趋势，其中 2007 年增幅最大，较上一年增长了 0.0150 亿吨。2003 年以来大蒜种植面积增长了 25.40%，单产增长了 76.67%，总产增长了 1.21 倍，单产提高对总产增加的贡献率达 78%，如图 2-1 所示。

（二）大蒜市场需求分析

大蒜作为日常生活中的调味品，一般以鲜食为主，占产量的 50% 左右，需求相对刚性，价格在一定范围内，国内需求量不会有明显变动。按照我国大蒜年产量，去库存量和出口量，我国人均大蒜（包括加工品）为 10.6 千克。

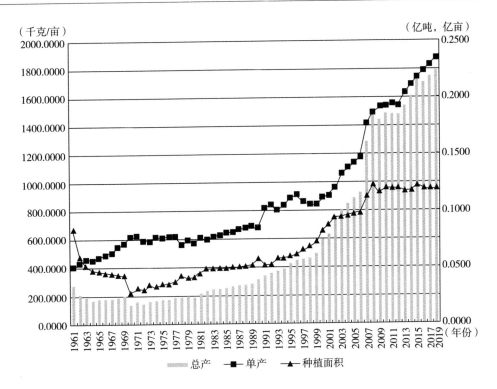

图 2 - 1 1961 ~ 2019 年我国大蒜单产、种植面积和总产情况

资料来源：FAO 数据库（http：//www. fao. org/faostat/en/#data/Q）计算。

从大蒜加工需求看，我国大蒜加工用量在 45 万吨左右，约占总产量的 2%。目前国际上大蒜深加工制品有 130 多种，但中国只有 40 多种，且多为初级加工品，如脱水蒜片、速冻蒜米、蒜粉等，缺乏科技含量较高、市场需求高的大蒜油、大蒜素等深加工产品。近两年受环保影响，整体大蒜加工用量逐渐减少。

从大蒜库存量看，2020 年大蒜库存量达到了创纪录的 445.6 万吨，相较 2019 年大蒜主产区入库量 343 万吨，增长了 29.9%，超过了中国冷库蒜历史储量的最高点。

从大蒜出口看，2018 年中国大蒜出口量为 208.49 万吨，占总产量的 10%。中国大蒜出口产品种类主要是蒜头、青蒜和其他大蒜。中国共有 28 个省份出口蒜头，20 个省份出口青蒜，13 个省份出口其他大蒜。按照大蒜出口额进行排名，位于前 10 位的省份为山东、江苏、广西、河南、广东、云南、天津、河北、福建和内蒙古，出口总量占全国总出口量的 96.27%，出口总额占全国总出口额的 96.79%，如图 2 - 2 所示。

从中国对国际市场的供给情况看，中国大蒜产品出口主要集中在鲜或冷藏的蒜头和干燥及脱水的大蒜。鲜冷蒜头的出口在我国蔬菜出口中排名第 1 位，年出口额达到 16 亿美元，干燥和脱水的大蒜年出口额达 4 亿美元，大蒜产品出口占据蔬菜出口 30% 以上。

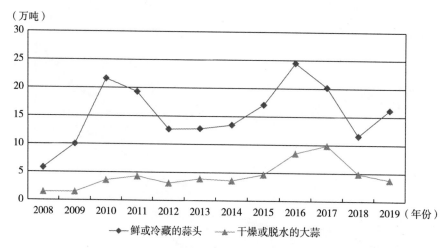

图 2-2　中国大蒜出口情况

资料来源：FAO 数据库（http：//www.fao.org/faostat/en/#data/Q）计算。

三、大蒜成本效益分析

（一）总体情况

2016～2020 年，我国大蒜平均产量从 1199.65 千克/亩增至 2079.96 千克/亩，增长了 73.38%，由于价格变动频繁，各年份大蒜收益也呈现波动变化。2020 年，大蒜平均亩产大幅度上升，比 2019 年同比增长 40.04%，产值达到 12126.17 元，纯收益为 7692.48 元，成本收益率为 1.74%，均达到近年来最高值。2020 年每亩总成本投入比较稳定，为 4433.69 元，其中每亩物质和服务费用 2079.96 元，人工成本 1544.67 元，如表 2-2 所示。

表 2-2　2016～2020 年全国大蒜生产成本收益情况　　　　单位：元，%

年份	2016	2017	2018	2019	2020
一、成本与收益					
每亩产量	1199.65	1143.74	1501.80	1485.30	2079.96
总产值合计	7977.67	7983.31	7539.04	10307.98	12126.17
平均出售价格	6.65	6.98	5.02	6.94	5.83
总成本	3756.56	4190.93	4108.40	4241.23	4433.69
纯收益	4221.11	3792.38	3430.64	6066.75	7692.48
成本纯收益率	1.12	0.90	0.84	1.43	1.74
二、每亩物质与服务费用	2250.66	2353.35	1959.40	1936.89	2079.96
三、每亩人工成本	925.02	1196.23	1569.00	1609.72	1544.67
四、每亩土地成本	580.88	641.35	580.00	694.62	809.06

资料来源：2017～2020 年国家特色蔬菜产业经济岗调研整理各基地问卷数据整理所得。

（二）主产省份大蒜成本收益

2020 年回收 261 份大蒜问卷，黑龙江省、云南省和山东省分别收回 38 份、32 和 42 份，共占总有效问卷的比重是 42.91%，3 个省份分别占总有效问卷的比重是 14.56%、12.26% 和 16.09%。因此，本报告主要对这 3 个省份的成本收益进行对比分析，如表 2 - 3 所示。

表 2 - 3　2020 年不同省份大蒜成本收益情况

调查内容	单位	黑龙江	河北	吉林	甘肃	山东	安徽	云南
一、成本与收益								
每亩产品产量	千克	1485.96	1618.00	4066.67	1843.20	1737.72	1554.89	2220.93
每亩产品产值	元	5142.36	9544.42	6023.00	9769.13	6442.14	7798.22	11604.69
总成本	元	2746.00	7750.22	2545.00	5777.05	4505.01	5447.48	7067.33
纯收益	元	2396.36	1794.20	3478.00	3992.08	1937.13	2350.74	4537.36
二、每亩物质与服务费用	元	1630.09	2175.11	1277.50	3593.88	2095.84	3183.32	3536.09
种子或芽苗费	元	1142.11	1235.00	875.00	2235.39	888.57	862.86	1889.28
农用肥料费	元	198.68	496.00	112.50	746.25	595.95	405.00	852.84
农药费	元	97.63	138.00	200.00	86.07	97.38	94.09	304.69
农膜费	元	56.00	96.00	0.00	73.67	72.07	277.14	0.00
机械作业费	元	92.06	99.00	50.00	151.67	105.71	244.23	153.44
排灌费	元	43.61	111.11	40.00	162.50	109.02	317.50	304.58
技术服务费	元	0.00	0.00	0.00	93.33	47.14	317.50	0.00
保险费	元	0.00	0.00	0.00	22.50	48.33	105.00	0.00
其他直接费用	元	0.00	0.00	0.00	22.50	131.67	560.00	31.25
三、每亩人工成本	元	565.91	2000.00	567.50	2047.78	1642.11	1542.73	2237.50
四、每亩土地成本	元	550.00	1000.00	700.00	478.57	767.06	721.43	1293.75

从产出水平看，黑龙江每亩主产品产量为 1485.96 千克，云南为 2220.93 千克，山东为 1737.72 千克，云南比黑龙江高 49.46%，云南比山东高 27.80%，云南产量优势明显。从产品价格看，黑龙江平均出售价格为 6.27 元/千克，云南平均出售价格为 5.41 元/千克，山东平均出售价格为 4.77 元/千克，山东平均出售价格比黑龙江和云南分别低 23.92% 和 11.83%，山东大蒜具有一定价格优势。从要素投入看，黑龙江、云南和山东每亩物质与服务费用分别为 1630.09 元、3536.09 元和 2095.84 元，云南要素投入高，比黑龙江和山东分别高 53.90%、40.73%。黑龙江每亩土地流转租金和雇工费用都是较小，黑龙江大蒜成本优势明显。从成本收益看，由于黑龙江大蒜成本较低。因此，黑龙江成本收益率为 82.27%，明显高于云南和河北，高于全国平均水平。

（三）不同品种大蒜的成本收益分析

本次收回的 261 份大蒜问卷中，紫皮蒜问卷、白皮蒜问卷和独头蒜问卷分别收回 168 份、74 份和 9 份，占总有效问卷的比重是 96.17%，3 个品种的大蒜分别占总有效问卷的比重是 64.37%、28.35% 和 3.45%。

从产出水平看，白皮蒜每亩主产品产量为 2484.18 千克，紫皮蒜每亩产品产量为 1981.85 千克，独头蒜每亩产品产量为 850.15 千克，白皮蒜比紫皮蒜高 20.22%，白皮蒜比独头蒜高 65.78%，白皮蒜产量优势明显。从产品价格看，白皮蒜平均出售价格为 5.45 元/千克，紫皮蒜价格为 4.66 元/千克，独头蒜价格为 7.18 元/千克，紫皮蒜平均出售价格比白皮蒜和独头蒜分别低 14.3% 和 35.1%，紫皮蒜具有售价优势。从要素投入看，白皮蒜、紫皮蒜和独头蒜每亩物质与服务费用分别为 2224.98 元、2485.06 元和 2434.95 元，独头蒜要素投入高，比白皮蒜和紫皮蒜分别高 32.28% 和 24.37%。每亩土地流转租金和雇工费用都是白皮蒜较低，白皮蒜成本优势明显。从成本收益看，由于白皮蒜成本较低，因此白皮蒜成本收益率为 106.63%，明显高于紫皮蒜和独头蒜，并高于全国平均水平，如表 2-4 所示。

表 2-4　2020 年不同品种大蒜成本收益情况

调查内容	单位	白皮蒜	紫皮蒜	独头蒜
一、成本与收益				
每亩产品产量	千克	2484.18	1981.85	850.15
平均价格	元/千克	5.45	4.66	7.18
每亩产品产值	元	8571.77	7922.41	6253.97
总成本	元	4148.40	4564.85	6148.21
纯收益	元	4423.37	3357.56	2071.04
二、每亩物质与服务费用	元	2224.98	2485.06	2434.95
种子或芽苗费	元	1072.86	1369.81	1782.57
农用肥料费	元	434.79	539.63	333.33
农药费	元	119.93	187.55	111.11
农膜费	元	57.84	55.49	0.00
机械作业费	元	149.34	123.74	105.71
排灌费	元	101.33	108.49	35.56
技术服务费	元	84.67	17.95	0.00
保险费	元	35.10	8.47	0.00
其他直接费用	元	169.12	73.93	66.67
三、每亩人工成本	元	1098.42	1171.11	1064.44
四、每亩土地成本	元	825.00	908.68	577.78

四、大蒜价格变动分析

（一）大蒜年均价格分析

从大蒜价格的趋势来看，大蒜整体价格波动较大，其中 2018 年跌幅最大，下降幅度为 39.02%。受 2010 年高价格大蒜的影响，蒜农扩大种植面积供过于求，2011 年大蒜价格下跌。2016 年涨幅最大，上涨幅度为 77.62%，市场上出现"蒜你狠"的市场趋势，受市场炒作大蒜价格上涨。大蒜价格普遍下降主要是因为大蒜种植面积不断扩大，产量居高不下，导致大蒜价格普遍较低。2020 年大蒜价格受新冠肺炎疫情因素影响、销路不畅等原因，与 2019 年大蒜价格相比有所下降，为 8.19 元/千克，如图 2 - 3 所示。

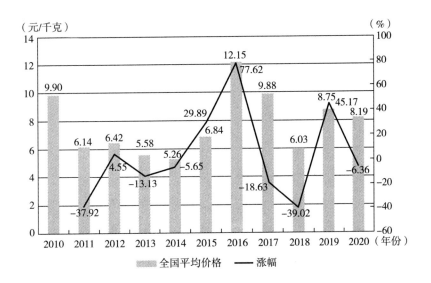

图 2 - 3　2010 ~ 2020 年大蒜年均价格趋势

资料来源：农业部农产品价格信息网。

（二）价格月度分析

新蒜收获期集中在每年的 5 ~ 6 月，新蒜收获意味着大蒜的市场供给量增加，伴随而来的就是价格的下跌并到达价格的波谷位置；新蒜经过 1 ~ 2 个月的烘干储存入库，8 月基本结束，由于市场上大蒜消费量的逐渐增加和固定的存货供给，价格从 8 月开始逐渐上升。大蒜价格上半年价格低于下半年价格，一般在每年 12 月价格为全年最高水平。价格低点出现在 6 ~ 7 月，大蒜刚刚收获市场上大蒜供过于求价格压低，如图 2 - 4 所示。

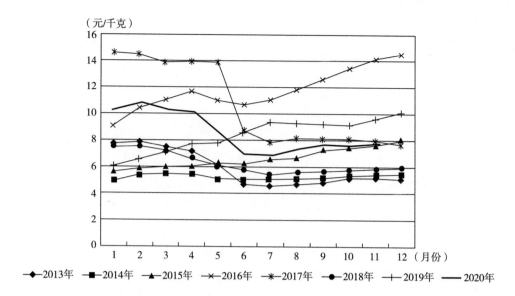

图 2 - 4 2013 ~ 2020 年大蒜价格各月走势

资料来源：农业部农产品价格信息网。

　　2020 年大蒜价格波峰出现在 2 月，波谷出现在 7 月，7 月以后开始有回升趋势。受新冠肺炎疫情影响，1 月我国对外出口受阻且物流业受到重大影响，大蒜难以销售到国外市场且国内交通物流运输不畅，供需不平衡，使上半年大蒜价格整体偏高。2 月处于我国传统节日春节对大蒜价格有明显影响，市场上的各类蔬菜价格维持高价，大蒜需求量增加，大蒜价格达到一年价格最高点。

（三）主要国家大蒜出口价格变化

　　从主产国大蒜的出口价格来看，美国和西班牙大蒜出口价格处于相对高位，我国作为全球最大的大蒜生产国，出口价格相对较低，美国最高价格是我国最高价格的 3 倍。

　　1996 ~ 2008 年中国大蒜出口价格较稳定，2009 ~ 2010 年大蒜价格大幅上涨并达到峰值，2011 年新蒜上市后大蒜再次迈入了漫长的下跌周期，2011 ~ 2014 年大蒜种植一直处于亏损边缘。2015 年大蒜再次进入了大周期上涨，尽管 2015 年秋季大蒜种植面积大幅增加，但主产区受到大寒潮及不稳定天气影响，大蒜单产大幅降低。2016 年大蒜价格突破历史最高价，随后秋季大蒜种植面积激增，产量大幅增加，2017 ~ 2018 年新蒜上市后价格大幅回落。

　　1996 ~ 2003 年美国大蒜出口价格处于下降趋势，并在 2003 年达到最低值，2004 ~ 2016 年价格较稳定，2016 ~ 2018 年价格急剧上升，达到 5.162 美元/千克。西班牙大蒜出口价格于 1996 ~ 2010 年波动上涨，在 2010 年达到最高价并稳定于高位。俄罗斯大蒜出口价格于 1998 年处于最高价格 2.166 美元/千克，2011 年达到最低价格 0.101 美元/千克。印度大蒜出口价格于 1997 年处于最高 1.525 美元/千克，1997 ~ 1998 年价格大幅下跌，并从 1999 年至今价格波动幅度小、交易价格较低，如图 2 - 5 所示。

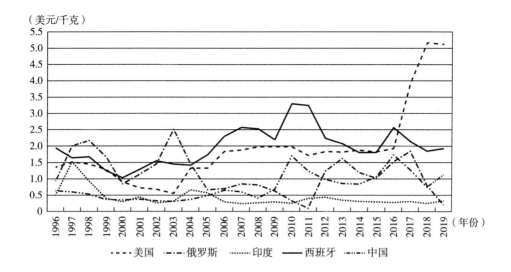

图 2 - 5　1996 ~ 2019 年主要国家大蒜出口价格变化

资料来源：FAO 数据库（http：//www. fao. org/faostat/en/#data/Q）计算。

五、产业形势分析

（一）大蒜出口分析

2020 年年初，新冠肺炎疫情导致中国减少向美国和世界各地出口大蒜。印度尼西亚、印度、俄罗斯和孟加拉国等购买大蒜的外国买家对中国产品感到恐惧，积极寻找其他地方大蒜（阿根廷、墨西哥和西班牙）来满足他们的需求。中国疫情得到控制后，大蒜出口继续保持活跃。2020 年 1 ~ 6 月中国鲜或冷藏的蒜头出口总量约为 102.50 万吨，与上年同期的 70.86 万吨相比，增加约 31.64 万吨，同比上涨约 44.7%。其中 2020 年 6 月中国大蒜出口总量为 24.87 万吨，与上年同期的出口量 18.27 万吨相比，同比增加约 36.1%。7 ~ 10 月，鲜或冷藏的蒜头出口总量约为 70.26 万吨。

（二）大蒜电商持续升温

2020 年，大蒜电商市场热度持续升温，市场关注度一路飙升；大蒜电商市场供应商、采购方覆盖全国 31 个省份的多个县市；品牌大蒜受到采购商的青睐；大蒜交易流向相对分散，云南作为大蒜输出省份的实力逐步显现。在电商市场中，金乡大蒜表现亮眼，在批发商、电商企业和代理人等核心购买人群偏好购买的品牌中，金乡大蒜均名列前茅。这与金乡大蒜作为地标产品带来的品牌效应密不可分。早在 20 世纪 90 年代，金乡大蒜就获得了原农业部 A 级绿色食品证书，2003 年经原国家质检总局批准成为国家地理标志保护产品，2019 年又入选中国农业品牌目录。

第三章　2020 年度中国生姜产业发展形势

一、国内外产业形势

（一）国外产业形势

据联合国粮农组织数据库统计，38 个国家和地区种植生姜，2019 年世界生姜种植面积 385.17 千公顷，总产量 408.14 万吨，总产量持续增长。产量前 5 位国家是印度、尼日利亚、中国、尼泊尔、印度尼西亚，其中，印度排名第一，占比 50.28%，中国排名第三，占比 17.02%。除五大主产国外，其他国家单产水平较低，产业技术相对落后。

（二）国内产业形势

我国生姜总产量、种植面积均处于世界前列。2019 年中国生姜的收获面积为 55.944 千公顷，产量为 60.51 万吨，单产为 10.82 吨/公顷。中国是世界生姜的主要生产国和出口国，2000~2016 年，中国生姜出口量、出口额世界第一，占世界总出口额的 60% 左右，中国生姜的出口情况呈现持续增长的态势。2019 年中国未磨生姜出口量为 52.36 万吨，出口额为 37.28 亿元，中国生姜在国际市场中占据主要地位。

1. 生产规模

1961~2019 年，我国生姜种植面积从 1.9 万亩增长到 83.9 万亩，增长了 43.2 倍。单产从 524.0 千克/亩增长到 721.1 千克/亩，增长到原来的 1.4 倍。总产从 1.0 万吨增长到 60.5 万吨，增长了 59.5 倍，如图 3-1 所示。

我国生姜种植面积总体呈上升趋势，特别是自 1991 年以后种植面积增加较快。从同比增速来看，1978 年最高达 301.6%，1980 年最低仅为 -40.6%，这主要是由于种植面积变化较大造成的。

生姜单产呈现先上升后基本保持稳定的态势。1987 年之前单产波动幅度较大，从同比增速来看，分别于 1962 年、1965 年、1969 年和 1976 年出现较为明显的上升，增速分别为 17.9%、31.4%、22.0% 和 24.2%，明显的下降出现在 1964 年的 -20.1%、1966 年的 -20.7%、1980 年的 -21.2% 和 1985 年的 -21.0%；1987 年之后，波动幅度明显缩小，

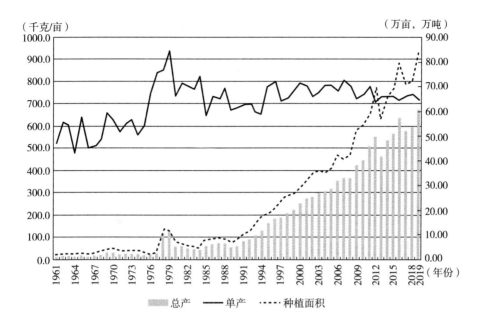

图 3 - 1　1961 ~ 2019 年我国生姜单产、种植面积和总产情况

资料来源：FAO 数据库（http://www.fao.org/faostat/en/#data/Q）计算。

同比增速最高为 1995 年的 18.48%，最低为 2016 年的 - 11.2%，尤其自 2013 年之后，单产基本持平。

我国生姜总产量总体呈上升趋势，特别是 1991 年以后总产量增长较快。据图 3 - 1 可以发现生姜总产量与生姜的种植面积的增长趋势极为相似，说明我国生姜种植面积的增加对总产量的贡献率最大。1997 年之前总产量波动幅度相对较大，1978 年上涨幅度最大，同比增长为 305.7%，1980 年下降幅度最大，同比增长为 - 53.2%。自 2003 年以来，生姜种植面积增长了 133.5%，单产增长了 - 3.9%，总产增长了 124.4%，单产提高对总产增加的贡献率为负值。

2. 价格波动

2004 ~ 2020 年，全国生姜年均价格呈现波浪形变化（见图 3 - 2），价格波动具有周期性，一般价格波动周期（按波谷—波峰—波谷划分）通常为 5 年。第一峰值产生于 2010 年的 8.18 元/千克，第二峰值产生于 2014 年的 12.9 元/千克，异于常值。2016 年价格回落至常值，之后两年均趋于稳定。2020 年均价格为 11.57 元/千克，环比涨幅 42.31%，价格上涨明显，新一轮"姜你军"再次来袭。近三年生姜价格呈明显上涨态势，生姜种植情况相对良好，种植面积平稳上浮。由于生姜生长、采收的季节性明显，易受温度、天气等自然因素的影响，季节性价格波动属于正常现象。另外，生姜的生长、采收和运输容易受到突发自然灾害的影响，会使生姜价格出现异常波动。由于生姜价格具有季节性波动和异常波动，所以历年生姜价格的整体走势不完全相同。

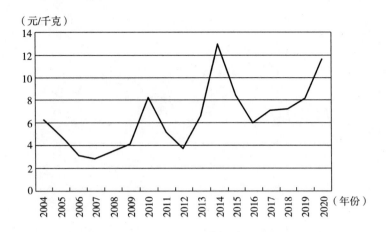

图 3 - 2   2004～2020 年中国生姜年均价格变动情况

资料来源：中华人民共和国商务部网站。

2020 年中国生姜月均价格呈现较为平缓的"M"形波动（见图 3 - 3），峰值分别出现于 2 月和 10 月，谷值分别出现于 5 月和 12 月。进入 2 月后，随着农历春节的到来和严冬时节北方生姜生长播种、秋季生姜基本收获完成，鲜姜开始上市，从 1 月第 2 周的 9.41 元/千克上升到 2 月第 2 周的 10.6 元/千克，涨幅为 15.97%；生姜价格在达到小高峰后，随着春节假期度过和全国各主产区开始生姜新一轮播种，生姜价格开始回落，在 5 月第 3 周下降到相对较低的 9.76 元/千克，降幅为 8.11%；进入 6 月后，北方气温开始大幅度升高，生姜进入生长期，价格开始持续升高，在 7 月第 3 周均价首次突破 11 元大关，达到 11.48 元/千克，涨幅为 17.86%。

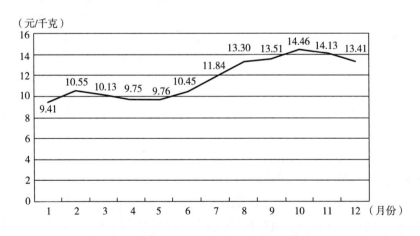

图 3 - 3   2020 年中国生姜月均价格变动情况

资料来源：中华人民共和国商务部网站。

由于生姜大型主产区多在北方，每年 10 月收获，因而每年 10 月生姜价格最高。2020 年 10 月第四周生姜价格达到近六年来的顶峰 14.73 元/千克，相比 2019 年 10 月第 4 周价格 8.7 元/千克，同比上涨 69.07%，相比本年度价格最低值 1 月第 2 周的 9.41 元/千克，涨幅 61.16%。主要原因是批发商收购的生姜基本上都是 2019 年的老姜，2019 年全国各地经历了干旱、雨涝等影响，导致 2019 年生姜产量整体减少。而 2020 年刚收获的鲜姜需要储存到春节和来年才能出售，所以导致 9~11 月生姜市场处于青黄不接的状态，价格便提了起来。加之受 2020 年初新冠肺炎疫情暴发的影响，生姜种植成本和人工成本显著上涨，在 10 月北方生姜主产区的收获期甚至出现了"用工荒"。而今年我国北方夏季雨水普遍偏多，生姜在生长过程中泡死的比例大增，影响生姜单产，致使生姜价格自 5 月之来不断走高，12 月第 1 周价格仍为 13.41 元/千克。2020 年生姜价格强势，大有"姜你军"重现的态势。

2020 年生姜主产省山东、河北和四川的月均价格走势基本一致。总体上看，四川生姜月度价格最高，其次为河北，最后为山东。3 个省份各月价格呈交替状，3~9 月价差较大，年初与年末差价相对较小。山东全年价格一直处于基准值，四川生姜价格一直居高不下，主要原因是目前生姜市场主要集中于山东，在行业内处于绝对主导地位。近些年山东生姜种植户逐渐向河北转移，因而河北生姜价格波动基本与山东无异。四川生姜价格随山东生姜价格的变化而变化。四川生姜种植节点略早于北方生姜 20 天左右，加之其种植白姜等其他品种，收获早、品质高，使经销商需求上升，导致四川市场占有率上升。而山东仍保持着生姜种植技术并且管理到位，生姜品质较好，各地批发商均愿意收购山东生姜，在无气候灾害时，山东生姜相对更具价格优势。2020 年 6~8 月因天气原因导致三省生姜价格迅速升高，如图 3-4 所示。

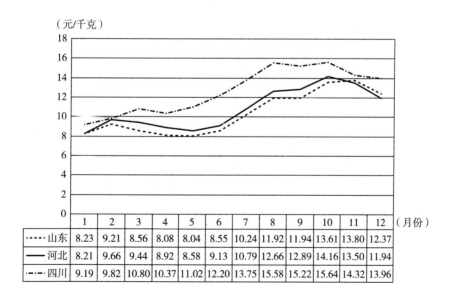

（元/千克）	1	2	3	4	5	6	7	8	9	10	11	12 （月份）
山东	8.23	9.21	8.56	8.08	8.04	8.55	10.24	11.92	11.94	13.61	13.80	12.37
河北	8.21	9.66	9.44	8.92	8.58	9.13	10.79	12.66	12.89	14.16	13.50	11.94
四川	9.19	9.82	10.80	10.37	11.02	12.20	13.75	15.58	15.22	15.64	14.32	13.96

图 3-4　2020 年中国生姜主产省月均价格变动情况

资料来源：农产品价格信息网——农价云。

二、产业结构调整

我国生姜主要种植品种分为缅姜、莱芜大姜、南方小黄姜、竹根姜、莱芜小姜和白姜。我国北方缅姜、莱芜大姜生产集中度较高，主要分布于山东、河北、河南、辽宁、陕西等省份。南方小黄姜生产集中度较低，分布于南方各省份。南方生姜主要分布于四川、福建、安徽、湖北等省份，如表 3－1 所示。

表 3－1　2020 年中国生姜各品种分布情况

序号	品种名称	播种期	种植地区
1	缅姜	3～4 月	国内各地
2	莱芜大姜	3～4 月	国内各地
3	小黄姜	7～8 月	南方各地
4	竹根姜	3～4 月	南方各地
5	莱芜小姜	3～4 月	国内各地
6	铜陵白姜	3 月	南方各地

资料来源：特色蔬菜产业经济研究室根据综合试验站问卷调查整理。

生姜是世界各国重要的调味品，也是我国主要创汇蔬菜之一。根据生姜的根茎或植株的用途可分为食用药用型、食用加工型和观赏型三种类型，根据生姜的植物学特征及生长习性，可分为疏苗型和密苗型两种类型。生姜的主要品种有莱芜小姜、莱芜大姜、疏轮大肉姜、山农大姜 2 号、山农大姜 1 号、鲁姜一号、密轮细肉姜、来凤姜、铜陵白姜、南山姜、四川竹根姜等。品种对单产的贡献主要体现在外形、农艺性状以及抗寒、耐旱、抗病、耐贮性、丰产性和药用性等性能的改良方面。近年来，生姜育种技术发展迅速，促进生姜品种不断更新换代。

我国生姜育种技术不断取得突破，育种水平位于世界领先地位，目前种植最为广泛的缅姜、莱芜大姜、小黄姜和竹根姜等优良品种获得的经济效益分别已达到 800 亿元、480 亿元、180 亿元和 120 亿元。自 2003 年以来，生姜育种导向集中于优良品种的延续和优质种子的保存两个方面，育种重点围绕三大任务：一是大量繁殖，繁殖数量决定了繁殖选种及新良种引进工作，能在单位时间内获取更多种质资源，便于优良品种的延续，扩大可选择姜种的范围，从而满足农户对优良种子数量上的需求；二是保持姜种的品质、纯度和种性稳定，保证植株生长质量，能够在之后较长一段时间内发挥出增产的作用；三是确保较高的姜种质量，选用肥大饱满、皮色光亮、不干缩、不腐烂、不受冻、无病虫的姜块作为姜种，否则会导致姜种出苗不齐，长势较弱。应该依照良种繁育标准进行科学繁育，操作流程、姜种选择和种植环境都要保证在标准规定的范围之内，提高发芽速度，防止腐烂，以发挥稳定的良种增产目的。

三、供需平衡

（一）供应量分析

近年来，我国生姜种植稳定发展，常年种植面积250千公顷左右，总产量800万吨以上，其中北方主产区面积约占35%，产量占65%。2019年生姜种植面积284.3千公顷。北方大姜面积扩种趋势明显，但南方农户种植意愿不高，南方新姜面积有所缩减。但总体来看，生姜市场供应总量仍然相对充足。

（二）需求量分析

从食用消费来看处于下降趋势。2020年受国内新冠肺炎疫情严重影响，餐饮行业不景气，市场销量比2019年略低。生姜作为日常生活中的调味品，需求相对刚性，价格在一定范围内，国内需求量不会有明显变动。

从生姜出口需求来看，2020年出口量约为40万吨，比2019年略低。从近六年生姜出口情况来看，我国生姜的整体出口量与当年价格呈反向相关。一般价格升高，出口量减少；价格降低，出口量增加。

从生姜加工来看，除了日常的姜干、姜块、腌渍姜外，随着养生观念不断提高，姜油、姜粉、姜糖等深加工产品逐步增多。生姜加工整体需求有增多迹象，但总体加工消费比例并不高，约占当年生姜产量的10%~15%，由于整体生姜用量偏小，对2020年生姜整体行情影响不大。

受自然天气及病虫害的影响，如生姜种植前期的低温天气、7~8月的高温多雨天气、降雪、姜瘟病等。不仅影响生姜的供应量和质量，还影响购买者的心理，从而影响生姜行情的走势。总的来看，生姜消费需求相对稳定。

从供给来看，一方面，由于生姜露地生产受自然条件等因素影响较大，产量具有较大的不确定性和不稳定性；另一方面，农民种植生姜的意愿受价格影响较大，价格行情好，则供给充足，反之则相反。从需求来看，生姜是居民传统饮食习惯的重要组成部分，可替代品很少，需求较为平稳。因此，生姜供给弹性远大于需求弹性，根据蛛网理论，生姜价格随市场供求的变化将逐渐偏离均衡点，其波动的幅度越来越大，如果不加干预，容易形成价格剧烈波动态势。

四、成本效益

本报告使用的生姜成本收益数据源自2017~2020年国家特色蔬菜产业经济岗对试验基地的调研问卷，其中，2020年的有效样本为102份。

生姜种植大部分是一家一户分散生产，栽培模式主要是露地栽培，间作、轮作等模式还不普遍，多数仍以生姜连作为主。为了保证数据的可比性，选取问卷回收数量较多的大姜品种进行成本收益分析。

（一）全国生姜生产成本收益

2017 年全国生姜每亩平均产量为 2824.22 千克，2017～2019 年相对稳定，保持在 3000 千克左右。全国生姜市场价格虽有波动，但幅度不大，保持在 6～7 元/千克。2020 年生姜亩产量和平均出售价格显著提高，相比 2019 年分别增长 18.26% 和 37.93%。

在要素投入方面，2020 年相较于 2018 年、2019 年雇工费用略有上升，2017～2019 年基本保持稳定，在 3000 元左右。2020 年相较于 2019 年上升 21.1%，2018～2020 年土地成本上升明显，如表 3-2 所示。

表 3-2　2017～2020 年生姜全国生产成本收益情况

调查内容 \ 年份	2017	2018	2019	2020
每亩主产品产量（千克）	2824.22	2887.33	2932.98	3468.67
每亩主产品产值（元）	12552.30	20787.65	18577.06	31911.76
平均出售价格（元/千克）	6.36	7.20	6.67	9.20
总成本（元）	6194.49	8299.44	9145.92	10793.76
纯收益（元）	6357.81	12488.22	9431.14	21118
成本纯收益率（%）	1.03	1.50	1.21	1.96
每亩物质与服务费用（元）	3752.72	4582.56	5326.59	6188.76
每亩雇工费用（元）	1982.65	3007.90	3039.25	3680.57
每亩土地流转租金（元）	459.12	708.98	780.08	924.43

资料来源：2017～2019 年特色蔬菜产业经济岗及各基地调研整理。2016 年有效样本容量 51，2017 年有效样本容量 53，2018 年有效样本容量 60，2019 年有效样本容量 84，2020 年有效样本容量 102。

从全国生姜种植成本构成情况看，2017～2020 年，每亩物质与服务成本以及雇工费用占 90% 以上，占比基本稳定。其中，物质与服务成本为主要支出，但占比波动下降，由 2017 年的 62.96% 下降为 2020 年的 57.34%；每亩雇工费用占比则呈上升趋势，由 2017 年的 28.28% 上升为 2020 年的 34.10%。可见，生姜生产的劳动力投入成本逐年提高，劳动力成本优势不断弱化。因此，生姜生产应逐步提高机械化程度，替代高价劳动投入，不断提升生产效率和效益，如表 3-3 所示。

表 3-3　2017～2020 年全国生姜生产成本构成情况　　　　　　　　单位:%

成本 \ 年份	2017	2018	2019	2020
每亩物质与服务成本	62.96	55.21	58.24	57.34
每亩雇工费用	28.28	36.24	33.23	34.10
每亩土地流转租金	8.76	8.55	8.53	8.56

资料来源：根据 2017 年、2018 年、2019 年和 2020 年 12 月特色蔬菜产业经济岗及各基地调研整理得出。

（二）主产省生姜成本收益

山东是生姜主要产区，种植面积约占全国生姜种植面积的30%，产量约占50%。

从亩产量看，河北亩产量最高，达5200千克，其次是四川，达3800千克，产量优势明显。其中，河北多为山东外来生姜种植户，且使用保健型绿色栽培技术和"两深一浅一压"技术，四川产量高主要是采用氯化苦土壤熏蒸杀菌和新技术示范，福建和湖北产量较低，不到产量优势区的1/2。

从产品价格看，同一时间段，各地不同品种生姜价格差别很大，最高为10元/千克，最低为6元/千克。安徽、四川和福建平均出售价格较高，对比发现这3个地区更加注重品牌效益，四川主要为犍为麻柳姜，安徽主要为铜陵白姜，品种具有特色。

从要素投入看，山东和福建要素投入高，从每亩物质与服务费用来看，山东最高，约为7900元，主要是由于各类肥料、农药、机械作业等方面投入高导致。其次为四川投入费用约为6576元，对比发现主要是由于四川主要为犍为麻柳姜和犍为白姜，种子与种苗费明显高于其他品种。

由于产量优势明显，且价格高，安徽纯收益最高；河北由于亩产量大，价格优势明显，纯收益排在第二位，如表3-4所示。

表3-4 2020年生姜特色主产区（农户）的成本与收益

省份	山东	安徽	河北	湖北	四川	福建
每亩产量（千克）	3681.06	3417.63	5262.49	2477.29	3844.76	2128.76
平均每亩总产值（元）	28307.35	58099.71	32837.94	14863.74	34179.92	19967.77
平均出售价格（元）	7.69	17.00	6.24	6.00	8.89	9.38
总成本（元）	13960.21	8891.97	10828.37	8810.65	11490.21	10781.11
纯收益（元）	14347.14	49207.74	22009.57	6053.09	22689.71	9186.66
成本纯收益率（%）	1.03	5.53	2.03	0.69	1.97	0.85
每亩物质与服务费用（元）	7900.49	5011.70	5967.83	5515.65	6576.88	6160.00
每亩人工成本（元）	4672.22	3439.09	3776.00	2745.00	4080.00	3371.11
每亩土地成本（元）	1387.50	441.18	1084.54	550.00	833.33	1250

资料来源：2020年12月特色蔬菜产业经济岗及各基地调研整理。

五、政 策 变 化

我国出台了一系列政策措施，为强化科技支撑生姜生产提供了政策保障。2020年7月20日，欧盟理事会授权正式签署《中欧地理标志协定》，该协定是欧盟与中国签署的第一份意义重大的双边贸易协定，对地理标志产品设定了高水平的保护规则，以确保来自欧盟和中国的各 100 个地理标志产品在对方市场上得到保护。首批中国 100 个受欧盟保护地理标志产品来自全国 27 个省份，其中"安丘大姜"成功入选，将有力助推我国农产品走出国门，进一步擦亮我国农产品质量安全的金字招牌。充分展现我国葱姜蒜产业发展水平和规模，对更好地宣传国家特色农业品牌，促进我国葱姜蒜经济结构调整和产业优化升级，提升产业核心竞争力，实现创新驱动发展具有长远的现实作用和重要意义。

同时莱芜区构建了产学研一体化机制与平台，协同解决生姜生产和产业发展关键技术难题。山东莱芜依托莱芜农高区国家科技园区平台和"三辣一麻"特色产业，打造西部"三辣之乡田园风光图"。莱芜区立足莱芜农业优势抓产业，发挥万兴、泰丰两家国家级产业龙头企业和 62 家市级以上农业龙头企业带动作用，大力发展循环型、终端型、体验型、智慧型等"新六产"新业态，不断增创发展新优势。坚持产业园区、科技园区、创业园区"三园"同创，成功创建国家级农业科技示范区、省级"新六产"示范区、省级现代农业产业园，以产业振兴助推乡村全面振兴。做好新型职业农民的培育工作，为乡村振兴培育有知识、有技术的新农人。湖北省来凤县扶贫办和农业局每年投入专项扶持资金，为种植生姜的贫困户建档立卡，逐渐向"一乡一品""一乡一业"方向发展，每年用于贫困户发展生姜产业的资金达 300 万元，带动 500 多户贫困户种植生姜 3000 多亩，增收 2500 多万元。

第四章　2020 年度中国大葱产业发展形势

一、国内外产业形势

中国是栽培大葱的主要国家，近些年种植面积约计 50 多万公顷，分布地区非常广泛，淮河秦岭以北黄河中下游为主产区，其中，山东、河南、河北大葱栽培面积约 22 万公顷，占全国大葱生产总面积的 40% 以上；安徽、江苏、辽宁、黑龙江、山西等省份的大葱栽培面积均在 2 万公顷以上。长江以北的省份多以栽培大葱为主，长江以南的省份多以栽培小葱为主。

(一) 国外产业形势

中国大葱首先传入朝鲜，经朝鲜传入日本，日本关于大葱的记载最早见于公元 918 年，现在栽培也很普遍，是世界上第二大大葱生产与消费国。1583 年传入欧洲，19 世纪传入美国。至今欧洲、美洲国家大葱生产和消费较少，仅零星种植。

我国与其他大葱主要生产国相比，单产水平高于日本和韩国，远高于伊拉克，是日本的 1.6 倍，韩国的 1.3 倍，伊拉克的 3.8 倍；但单产水平低于新西兰，仅是新西兰单产水平的 85.0%。2004 年新西兰大葱单产增长率高达 37%，单产水平也为历史最高，2006 年以后单产水平处于下降趋势，单产增长率基本为负值，但单产仍然高于其他国家。自 1998 年以后，日本和韩国大葱单产基本稳定不变，单产增长率在 0 值附近上下波动；伊拉克大葱单产处于最低水平，2014 ~ 2017 年出现了剧烈下降，2015 年单产增长率更是低至 – 32.2%，如图 4 – 1 所示。

(二) 国内产业形势

1. 生产规模

1961 ~ 2018 年，我国大葱种植面积从 6.5 万亩增长到 44.0 万亩，增长了 5.8 倍。单产从 619.6 千克/亩增长到 2417.7 千克/亩，增长了 2.9 倍。总产从 4.0 万吨增长到 106.4 万吨，增长了 25.6 倍，如图 4 – 2 所示。

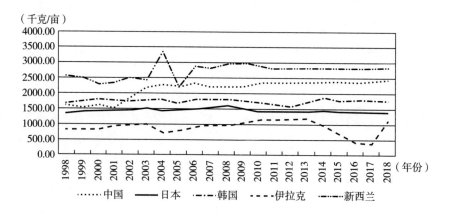

图 4 - 1 1998 ~ 2018 年世界主要国家大葱单产情况

资料来源：FAO 数据库（http：//www.fao.org/faostat/en/#data/Q）计算。

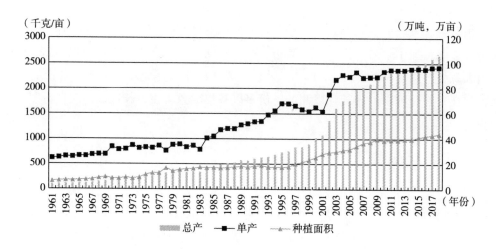

图 4 - 2 1961 ~ 2018 年我国大葱单产、种植面积和总产情况

资料来源：FAO 数据库（http：//www.fao.org/faostat/en/#data/Q）计算。

其中，大葱种植面积整体呈较为平稳的增长趋势，从同比增速来看，1980 年之前波动幅度较大，峰值最高达到 1978 年的 31.1%，谷值最低达到 1979 年的 - 14.8%；1980 年之后波动幅度明显缩小，峰值为 1997 年的 13.9%，谷值为 1993 年的 - 7.1%。可见，改革开放是我国大葱种植规模平稳增长的重要影响因素，如图 4 - 3 所示。

大葱单产除 1996 ~ 2001 年明显下降外，整体亦呈增长趋势。从同比增速来看，2007 年之前波动幅度较大，分别于 1970 年、1979 年、1984 年和 2002 年达到较为明显的峰值，增速分别为 21.28%、14.97%、28.48% 和 22.14%，谷值分布于 1978 年的 - 11.44%、1983 年的 - 8.88%、2001 年的 - 5.23% 和 2007 年的 - 4.83%；2007 年之后波动幅度明显缩小，增速最高为 2010 年的 4.86%，最低为 2016 年的 - 0.45%，尤其 2010 年之后，单产基本持平，如图 4 - 4 所示。

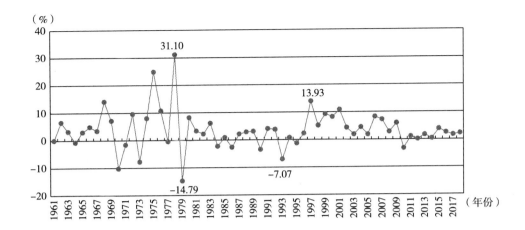

图 4 – 3　1961～2018 年我国大葱种植面积同比增速波动情况

资料来源：FAO 数据库（http：//www. fao. org/faostat/en/#data/Q）计算。

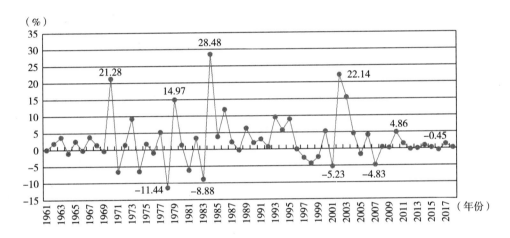

图 4 – 4　1961～2018 年我国大葱单产同比增速波动情况

资料来源：FAO 数据库（http：//www. fao. org/faostat/en/#data/Q）计算。

大葱总产整体呈显著增长趋势。从同比增速来看，2007 年之前波动幅度较大，分别于 1975 年、1984 年和 2002 年达到较为明显的峰值，增速分别为 27.02%、25.56% 和 27.39%，谷值最低为 1971 年的 – 8.10%；2007 年之后波动幅度明显缩小，增速最高为 2009 年的 6.13%，最低为 2012 年的 – 0.11%（见图 4 – 5）。可见，2007 年全球金融危机之后，我国大葱单产水平基本稳定，在种植规模缓慢平稳增长的情况下，总产呈现较为稳定的增长趋势。

自 2003 年以来，大葱种植面积增长了 48.3%，单产增长了 11.4%，总产增长了 65.2%，单产提高对总产增加的贡献率达 25.9%。

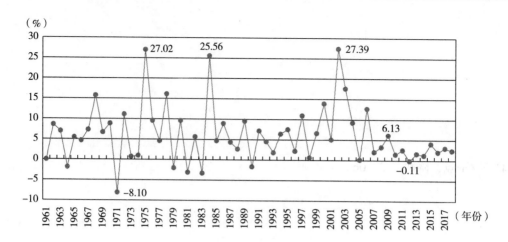

图 4 - 5　1961 ~ 2018 年我国大葱总产同比增速波动情况

资料来源：FAO 数据库（http://www.fao.org/faostat/en/#data/Q）计算。

2. 价格波动

2011 ~ 2020 年，全国大葱年均价格呈现"M"形波动。第一峰值产生于 2013 年的 2.98 元/千克，第二峰值产生于 2016 年的 4.25 元/千克，异于常值。2017 年价格回落至常值，之后两年均趋于稳定，2019 年价格为 2.88 元/千克，2020 年价格突然飙升至 3.33 元/千克。主要是因为前两年大葱的种植效益比较差，影响了农民的种植积极性，产量少需求大，而在山东、河南等北方地区大葱主产省份雨水比较大，出现了水涝现象，影响了大葱的产量。由于大葱生长、采收的季节性明显，受温度、天气等自然因素的影响，季节性价格波动属于正常现象。另外，大葱的生长、采收和运输容易受到突发自然灾害的影响，会使大葱价格出现异常波动。由于大葱价格具有季节性波动和异常波动，所以历年大葱价格的整体走势不尽相同，如图 4 - 6 所示。

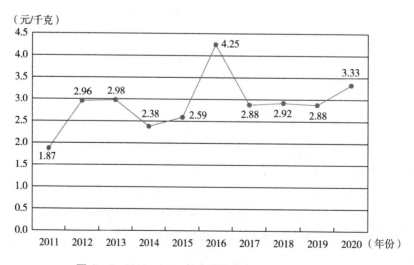

图 4 - 6　2011 ~ 2020 年中国大葱年均价格变动情况

资料来源：农价云。

2020 年中国大葱月均价格呈现不断上升的"√"形波动，峰值出现于 12 月，谷值出现于 4 月。进入 2 月后，随着新冠肺炎疫情的爆发销售渠道受阻和严冬时节北方大葱生长停止、秋季大葱基本收获完成。大量的饮食消费刺激大葱价格迅速升高，从 1 月的 2.73 元/千克上升到 2 月的 3.6 元/千克，涨幅为 31.87%；大葱价格在达到小高峰后随着防疫形势逐日向好，成本费用降低，再加上疫情期间大葱的积压，上市量充足，全国大部地区气温回升，蔬菜长势良好，生长周期缩短，上市量明显扩增。3 月葱价下跌明显，价格为 2.41 元/千克，降幅为 33.06%，在 4 月下降到最低的 2.03 元/千克；进入 4 月后，北方气温开始大幅度升高，炎热少雨天气影响大葱生长和上市大葱的贮藏，大葱价格开始持续升高，在 7 月达到 3.03 元/千克，涨幅为 49.26%（见图 4－7）。自 2020 年 6 月开始，全国不少地区都经历了几轮强降雨天气，受此影响，国内很多主产区的大葱整体生长环境均不如往年。个别地区的洪涝灾害淹死了很多葱苗，造成了大葱的明显减产，而市场供给的相对不足也在很大程度上抬高了其价格。由于产量的骤减，大葱价格最高升至将近 6 元/千克。2019 年大葱的整体产量太高，市场供过于求之势明显，大葱价格下跌。山东、云南等很多主产区都出现了大葱滞销情况，很多大葱都放置到腐烂变质，农民收入也因此大大降低，这是典型的"谷贱伤农"。到了 2020 年，很多农民不愿意再多种植大葱，而改种其他蔬菜品类，如此便致使大葱种植面积一再减少，产量下滑，价格上涨自然在所难免。

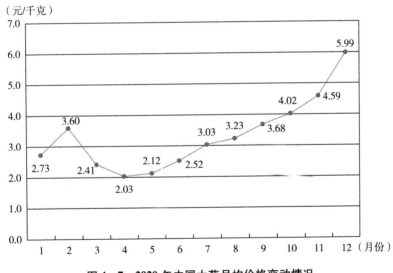

图 4－7　2020 年中国大葱月均价格变动情况

资料来源：农价云。

2020 年大葱主产省山东、河北和河南的月均价格走势基本一致（见图 4－8）。总体上看，河南大葱平均月度价格最高（5.33 元/千克），其次为山东（5.32 元/千克），最后为河北（4.78 元/千克）。三个省份各月价格呈交替状，2～8 月价差较大，之后价差迅速缩小。1～8 月，河北价格最高，是因为蔬菜需求量增加，对于反季节蔬菜主要来自南方产区和北方设施蔬菜，保险费用增加，价格偏高。3 月呈下降趋势，跌幅明显，主要原因是气温逐渐回升，蔬菜生长速度加快，产量增加，冷棚蔬菜逐渐取代暖棚蔬菜，成本下降，价格降低，市场上蔬菜供应地逐渐北移，运输距离缩短，运费和保险费下降。9～12月，山东价格最高，主要原因是山东大葱在生长期内受到降雨的影响，有受淹现象导致减产，目前面临退市。在 2020 年受到灾情影响，在这一季并没能完全补足市场缺口，导致市场大葱供不应求，价格迅速升高。

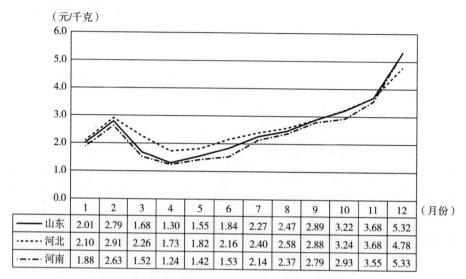

（元/千克）

	1	2	3	4	5	6	7	8	9	10	11	12
山东	2.01	2.79	1.68	1.30	1.55	1.84	2.27	2.47	2.89	3.22	3.68	5.32
河北	2.10	2.91	2.26	1.73	1.82	2.16	2.40	2.58	2.88	3.24	3.68	4.78
河南	1.88	2.63	1.52	1.24	1.42	1.53	2.14	2.37	2.79	2.93	3.55	5.33

（月份）

图 4 - 8　2020 年中国大葱主产省月均价格变动情况

资料来源：农价云。

二、产业结构调整

（一）品种结构

2020 年中国大葱品种多样，分布于全国各地，以北方地区为主，各品种播种期不同，茬口不同，已实现周年生产、周年供应。山东大葱产量最高，主栽品种有日本铁杆大葱、章丘大梧桐、气煞风、寿光八叶齐、莱芜鸡腿葱、掖辐 1 号、平度老脖子葱、青岛分葱等，所选品种产量较高，露天种植每公顷可达 3000～5000 千克；河南是中国大葱生产第二大省份，主栽品种有中华巨葱、郑研寒葱、郑研大葱 1 号等，露天种植每公顷产量可达 4000～10000 千克；河北是中国大葱生产第三大省份，主栽品种有隆尧鸡腿葱、海阳大葱、河北巨葱、仙鹤腿大葱、深泽对叶葱等，露天种植每公顷产量可达 3000～7000 千克；辽宁是中国大葱生产第四大省份，主栽品种有凌源鳞棒葱、营口三叶齐、辽葱一号、盖平大葱、浑江小火葱等，露天种植每公顷产量可达 3000～4000 千克。江苏、甘肃、陕西、广西、云南、重庆、湖北等省份均有大葱生产，可供应各地市场。福建大葱从 12 月开始收获，可持续到次年 5 月，浙江大葱在 1 月收获，山东大葱在 3～6 月收获，河北大葱 9月开始收获，如表 4 - 1 所示。

表 4-1　2020 年中国大葱各品种分布情况

序号	品种名称	播种期	种植地区
1	青海钢葱	9 月上旬	甘肃
2	青竹大葱	9 月上旬	甘肃
3	铁杆王	9 月上旬	甘肃
4	日本元藏	春秋冬茬	国内各地
5	紫阳大葱	一年一茬	内蒙古
6	鲁葱六号	一年一茬	内蒙古
7	章丘大葱	一年一茬	山东
8	章丘大梧桐	春秋两茬	国内各地
9	四季葱	四季	重庆
10	青杂 2 号	春秋两茬	河北
11	万秀香葱	年循环播种	吉林
12	银迪大葱	—	黑龙江
13	赤水大葱	3 ~ 4 月	陕西

资料来源：特色蔬菜产业经济研究室根据综合试验站问卷调查整理。

（二）地区结构

中国大葱种植区域较广，有三大主产区，主要位于淮河、秦岭以北，涵盖中国的华北平原、东北平原、西北黄土高原等区域。第一主产区位于华北平原，淮河、秦岭以北，长城以南，黄淮海中下游地区，黄河流域，主要包括山东、河北、河南三省和北京、天津两市；第二主产区位于东北平原，长城以北，主要包括辽宁、吉林、黑龙江三省和内蒙古东部地区；第三主产区位于西北黄土高原、内蒙古高原和新疆盆地等，包括山西、陕西、甘肃、宁夏、内蒙古、青海、新疆等省份。在中国淮河、秦岭以南的华南平原、云贵高原和青藏高原，以生产和食用小青葱为主，大葱栽培规模较小。另外，由于产业结构调整、人口流动加剧、高速路网、旅游等原因，在海南、福建、湖北、西藏等地也开始种植。

特色蔬菜示范县调查结果显示，黄淮海片区是我国大葱主产地，其次是东北片区（包括河北地区）。2020 年，除中南片区之外，大葱种植面积比上年均略有缩减，总产量有所下降，但黄淮海片区的总产值增幅明显。从主产省份来看，山东、河南、河北、辽宁和江苏的大葱产量排名前五位，仅前三位的大葱产量就占全国产量的一半以上，如表 4-2 所示。

表 4-2　2019 年和 2020 年中国大葱各地区生产情况

单位：万亩，万吨，亿元，千克/亩

片区	年份	占地面积	播种面积	总产量	商品量	省外销量	总产值	单产
东北片区	2019	8.71	13.01	56.30	53.81	26.44	8.26	4326.74
	2020	5.58	13.65	36.58	19.17	19.72	5.42	2679.85

续表

片区	年份	占地面积	播种面积	总产量	商品量	省外销量	总产值	单产
华东片区	2019	0.79	0.84	1.48	1.06	0.00	0.53	1772.46
	2020	0.44	0.98	1.44	0.98	0.00	0.44	1469.39
黄淮海片区	2019	11.25	11.08	66.79	65.22	23.90	12.13	6028.43
	2020	9.56	9.46	61.74	60.79	23.17	30.87	6526.43
西北片区	2019	0.00	0.06	0.24	0.24	0.00	0.02	4000.00
	2020	0.00	0.02	0.04	0.27	0.00	0.05	2000.00
西南片区	2019	0.33	0.75	1.43	0.68	0.00	0.39	1908.51
	2020	0.26	0.65	1.08	1.08	0.00	0.44	1661.54
中南片区	2019	0.80	4.00	5.44	3.80	0.30	0.32	1360.00
	2020	1.26	5.65	7.79	5.38	2.8	1.66	1378.76

资料来源：特色蔬菜产业经济研究室根据综合试验站问卷调查整理。

三、供需平衡

从供给来看，一方面，由于大葱露地生产受自然条件等因素影响较大，产量具有较大的不确定性和不稳定性；另一方面，农民种植大葱的意愿受价格影响较大，价格行情好，则供给充足，反之则相反。从需求来看，大葱是居民传统饮食习惯的重要组成部分，可替代品很少，需求较为平稳。因此，大葱供给弹性远大于需求弹性，根据蛛网理论，大葱价格随市场供求的变化将逐渐偏离均衡点，其波动的幅度越来越大，如果不加干预，容易形成价格剧烈波动态势。

四、成本效益

本报告使用的大葱成本收益数据源自 2020 年国家特色蔬菜产业经济岗对试验基地的调研问卷，其中，2019 年和 2020 年有效样本分别为 57 份和 68 份。

（一）总体情况

从亩产水平来看，2016～2019 年全国大葱单产总体呈增长趋势，而 2020 年单产为 3864.76 千克，比 2019 年同比减少 14.33%。可见，2020 年疫情和水涝的出现，严重影响了大葱的单产。

从成本投入来看，全国大葱每亩总成本呈不断增加趋势，2020 年为 3913.65 元，同比增长 24.45%。其中，每亩物质与服务成本和人工成本均呈增长走势；2020 年每亩物质与服务成本为 1961.25 元，同比增长 61.01%，每亩生产成本同比增加 3.15%；每亩土地成本呈逐年下降趋势。2020 年每亩成本投入有所上升，由于单产减少，每 50 千克大葱总成本投入较上年同比有大幅度增加。

从收益情况来看，2019 年全国大葱每亩产量较高，市场供过于求，价格明显下跌，致使 2020 年大葱种植面积一再减少，在产量下滑、价格飙升的情况下，每亩产值同比上升 31.96%。另外，虽然投入成本上升，但由于 2020 年价格疯涨，收益大幅度增加，2020 年种植大葱每亩净利润为 4765.64 元，同比上升 38.83%；成本利润率为 121.77%，同比上升 11.55%；每 50 千克主产品总成本为 61.66 元，同比上升 62.04%，如表 4 - 3 所示。

表 4 - 3　2016 ~ 2020 年全国大葱成本收益情况

年份 项目	2016	2017	2018	2019	2020	2020 同比增加（%）
每亩主产品产量（千克）	3982.74	4365.54	4303.44	4511.24	3864.76	- 14.33
每亩主产品产值（元）	5538.45	5911.95	6604.42	6577.36	8679.29	31.96
成本利润率（%）	104.02	106.81	119.61	109.16	121.77	11.55
每亩净利润（元）	2823.76	3053.26	3597.13	3432.72	4765.64	38.83
每亩总成本（元）	2714.69	2858.69	3007.29	3144.65	3913.65	24.45
每亩生产成本（元）	2111.57	2253.84	2422.95	2570.09	1394.57	3.15
每亩物质与服务成本（元）	1245.49	1345.06	1412.75	1352.02	1961.25	61.01
每亩人工成本（元）	866.07	908.77	1010.20	1218.07	557.83	- 2.91
每亩土地成本（元）	603.13	604.86	584.34	574.56	126.43	73.43
每 50 千克主产品平均出售价格（元）	69.53	67.71	76.73	72.90	50.65	45.33
每 50 千克主产品总成本（元）	34.08	32.74	34.94	34.85	61.66	62.04
每 50 千克主产品生产成本（元）	26.51	25.81	28.15	28.49	—	1.19
每 50 千克主产品净利润（元）	35.45	34.97	41.79	38.05	—	- 8.97

资料来源：根据 2017 年、2018 年和 2019 年 12 月特色蔬菜产业经济岗及各基地调研整理得出。

大葱生产呈现以下特征：一是大葱单产小幅度下降，说明大葱的生产效率受到气候与市场因素的影响；二是大葱生产成本逐年增加，其主要原因是人工成本的增加，说明大葱生产的劳动力价格优势已逐年弱化；三是大葱价格受天气原因影响波动明显。

从全国大葱种植成本构成情况看，2016 ~ 2020 年，每亩物质与服务成本以及每亩雇工费用占 75% 以上，且占比呈增加趋势。其中，物质与服务成本为主要支出，但占比逐渐下降，由 2016 年的 45.88% 下降为 2020 年的 38.49%；每亩雇工费用占比则呈上升趋势，由 2016 年的 31.90% 上升为 2020 年的 45.55%。可见，大葱生产的劳动力投入成本逐年提高，劳动力成本优势不断弱化。因此，大葱生产应逐步提高机械化程度，替代高价劳动投入，不断提升生产效率和效益，如表 4 - 4 所示。

（二）不同经营主体比较

本次调研关于 2019 年样本涉及农户 26 户、合作社 11 家、家庭农场 7 个以及种植大户 8 户；关于 2020 年样本涉及 2020 农户 54 户、合作社 4 户、龙头企业 1 户、家庭农场 5

家以及种植大户 4 户。考虑样本的合理性和代表性，将样本过少的数据进行剔除，只保留农户、合作社、家庭农场和种植大户四类经营主体。不同经营主体种植大葱的成本收益情况存在较大差异，如表 4 - 5 所示。

表 4 - 4　2016 ~ 2020 年全国大葱生产成本构成情况　　　　　单位: %

成本 ＼ 年份	2016	2017	2018	2019	2020
每亩物质与服务费用（元）	45.88	47.05	46.98	42.99	38.49
每亩雇工费用（元）	31.90	31.79	33.59	38.73	45.55
每亩土地流转租金（元）	22.22	21.16	19.43	18.27	15.96

资料来源: 根据 2017 年、2018 年、2019 年和 2020 年 12 月特色蔬菜产业经济岗及各基地调研整理得出。

表 4 - 5　2019 ~ 2020 年不同经营主体大葱成本收益情况

经营主体	农户		合作社		家庭农场		种植大户	
年份	2019	2020	2019	2020	2019	2020	2019	2020
每亩主产品产量（千克）	3634.06	3749.15	4366.11	4125.00	5063.01	4366.67	5968.87	5750.00
每亩主产品产值（元）	4844.91	6999.21	6749.37	11375.00	5688.36	6640.00	6230.35	8700.00
成本利润率（%）	40.74	71.87	157.86	168.60	75.56	87.78	165.18	203.66
每亩净利润（元）	1402.34	2926.88	4131.95	7140.00	2448.30	3104.00	3880.85	5835.00
每亩总成本（元）	3442.57	4072.33	2617.42	4235.00	3240.06	3536.00	2349.50	2865.00
每亩物质与服务成本（元）	1618.85	1367.25	1008.64	1372.50	1322.50	1812.00	908.75	797.50
每亩人工成本（元）	1292.95	2233.49	904.24	2237.50	1198.81	2124.00	1053.25	1742.50
每亩土地成本（元）	530.77	471.59	704.55	625.00	718.75	600.00	387.50	325.00
每 50 千克主产品平均出售价格（元）	66.66	93.34	77.29	137.88	56.18	76.03	52.19	75.65
每 50 千克主产品总成本（元）	47.37	54.31	29.97	51.33	32.00	40.49	19.68	24.91
每 50 千克主产品净利润（元）	19.29	39.03	47.32	86.55	24.18	35.54	32.51	50.74

资料来源: 根据 2019 年 12 月特色蔬菜产业经济岗及各基地调研整理得出。

从亩产水平来看，2019 年合作社、家庭农场、种植大户大葱单产均比上年有所降低，农户单产水平略有上升。各经营主体相比而言，种植大户单产水平最高，为 5750 千克/亩，其次为家庭农场，再次是合作社，最后是农户。可见，经营主体规模越大，越有利于提高生产效率。

从成本投入来看，2020 年各经营主体种植大葱的每亩总成本有所上升，其中合作社和家庭农场每亩物质与服务成本以及人工成本均明显上升，家庭农场则主要是由于人工成本的提高所致；虽然农户的人工成本也大幅上升，但每亩物质与服务成本却下降。另外，每 50 千克大葱总成本在合作社、家庭农场和种植大户经营模式下均明显上升。各经营主体相比而言，种植大户的单位成本最低，为 2349.5 元/亩，其次为合作社，再次是家庭农场，最后是农户。其中，人工成本在农户和种植大户中均明显上升，但物质与服务成本在种植大户和农户均呈大幅下降。这说明，规模化经营可以有效降低物质和服务投入成本，至于人工成本的降低更多还要依赖机械化普及率的提高。

从收益情况来看，2020年各经营主体种植大葱的每亩净利润较上年均有所增加；成本利润率各经营主体也均呈上升变化。可见，虽然2020年种植大葱的产量受气候和灾情的影响，但"谷贱伤农"使大葱价格迅速上升。各经营主体相比而言，2020年种植大户成本利润率大幅增加，依然保持最高值（203.66%）；其次是合作社，成本利润率为168.6%；再次是家庭农场，为87.78%；最后是农户，为71.87%。可见，种植大户和合作社是提高大葱经营效益更为有效的经营模式。

（三）不同主产省比较

山东、河北和河南是大葱主产省份，3个省份的成本收益情况如表4-6所示。从亩产水平来看，2020年各省份的大葱单产均比上年有所稳定，其中，河北单产水平最高，为5760千克/亩，其次是山东，为5114.81千克/亩，最后是河南，为5000千克/亩。

表4-6 2019~2020年大葱主产省份成本收益情况

省份	山东		河北		河南	
年份	2019	2020	2019	2020	2019	2020
每亩主产品产量（千克）	5003.31	5114.81	5601.82	5760.00	5006.23	5000.00
每亩主产品产值（元）	16909.33	16500.00	5941.89	8198.52	4563.24	5000.00
成本利润率（%）	432.91	446.46	107.57	176.44	65.27	61.60
每亩净利润（元）	13736.33	13480.56	3079.35	5232.75	1802.11	1906.00
每亩总成本（元）	3173.00	3019.44	2862.54	2965.77	2761.13	3094.00
每亩物质与服务成本（元）	1435.00	1213.89	871.00	731.15	1315.88	1608.00
每亩人工成本（元）	898.00	994.44	1531.54	1626.92	939.00	936.00
每亩土地成本（元）	840.00	811.11	460.00	607.69	506.25	550.00
每50千克主产品平均出售价格（元）	168.98	161.30	53.04	71.17	45.58	50.00
每50千克主产品总成本（元）	31.71	29.52	25.55	25.74	27.58	30.94
每50千克主产品净利润（元）	137.27	131.78	27.49	45.42	18.00	19.06

资料来源：根据2020特色蔬菜产业经济岗及各基地调研整理得出。

从成本投入来看，2020年山东的每亩总成本下降，降幅为4.84%，河北和河南种植大葱的每亩生产成本均小幅度上升。其中河北大葱单位成本最低，为2965.77元/亩，其次是山东，为3019.44元/亩，河南单位成本投入最高，为3094.00元/亩。

从收益情况来看，2020年河北大葱亩产值明显上升，但山东小幅度下降。山东种植大葱的成本利润率最高，2020年达446.46%，河北次之，成本利润率为176.44%，河南最低，为61.60%。

可见，虽然山东的单产水平上升幅度很小，总成本也没有明显的降低，但收益情况却与河北和河南有很大差距。主要原因是山东在品种选育、产品质量和管理模式上发挥了更大优势，大葱品质优、标准高，更能满足市场需求。

五、政策变化

为保障本地大葱生产，山东省章丘市以当年种植、当年收获的"经过简单整理捆扎销售的混等级冬季大葱"为保险品种。根据山东省物价局印发《山东省特色农产品目标价格保险工作实施方案的通知》（鲁价综发〔2018〕19 号），对 2018 年章丘大葱保险金额定为 3500 元/亩，保险费率为 7%，保费为 245 元/亩，由投保人自行承担 40%，政府补贴 60%（其中省政府补贴 35%，区政府补贴 25%），保险期间为 11 月 5 日至 12 月 20日，试点工作从 2018 年 7 月开始，2019 年 1 月结束。

同时，山东省安丘市也出台了《安丘市 2018 年大葱目标价格保险工作实施方案》，以当年种植、当年生长管理、当年收获的"经过简单整理捆扎、葱白长度 35 厘米以上混等级大葱"为保险标的。按照鲁价综发〔2018〕19 号文件规定，每亩保险金额为保险标的生长期内所发生的直接物化成本，确定保险金额为 2000 元/亩，保险费率为 7%，保费为 140 元/亩，由投保人自行承担 40%（即 56 元/亩），各级政府补贴 60%（即 84 元/亩）。大葱目标价格保险工作从 2018 年 4 月开始，2019 年 1 月结束。

国务院为应对新冠肺炎疫情联防联控机制印发《关于压实"菜篮子"市长负责制做好农产品稳产保供工作的通知》。严格落实地方属地责任，严格落实"菜篮子"市长负责制，抓好"菜篮子"产品生产，保障道路运输通畅，促进农产品流通销售。

第五章　2020年度中国洋葱产业发展形势

一、国内外产业发展分析

目前，世界洋葱收获面积和产量均呈稳定上升态势，面积为504万公顷，总产量为9677万吨。世界主要的洋葱生产国有中国、印度、美国、巴基斯坦、俄罗斯、埃及等。中国洋葱生产量为2477.5万吨，占世界洋葱生产量的25.60%；印度洋葱生产量2207.10万吨，占世界洋葱生产量的22.81%；美国洋葱产量328.4万吨，占世界洋葱生产量的3.39%；巴基斯坦洋葱生产量为212.0万吨，占世界洋葱生产量的2.19%；埃及洋葱生产量为306.7万吨，占世界洋葱生产量的3.17%。总的来说，世界洋葱生产量的平均增幅为2.54%，如表5-1所示。

表5-1　各国洋葱种植面积和产量　　　　单位：千公顷，千吨，%

国家	年份	2010	2011	2012	2013	2014	2015	2016	2017	2018
中国	面积	980	1015	1021	1026	1033	1072	1087	1102	1120
	占比	23.28	23.29	22.83	21.87	21.49	22.16	21.79	22.03	22.23
	产量	21748	22065	22245	22351	22584	23551	23946	24345	24775
	占比	27.46	25.88	26.94	26.40	25.33	25.75	25.25	24.97	25.60
印度	面积	1064	1087	1052	1217	1204	1173	1320	1306	1315
	占比	25.27	24.95	23.52	25.93	25.04	24.24	26.45	26.09	26.09
	产量	15118	17511	16813	19299	19402	18927	20931	22427	22071
	占比	19.09	20.54	20.36	22.79	21.76	20.69	22.07	23.01	22.81
美国	面积	60	60	59	58	57	54	55	56	53
	占比	1.43	1.37	1.33	1.24	1.18	1.12	1.10	1.12	1.05
	产量	3338	3361	3243	3159	3167	3413	3728	3732	3284
	占比	4.22	3.94	3.93	3.73	3.55	3.73	3.93	3.83	3.39
巴基斯坦	面积	125	148	130	126	134	131	136	138	150
	占比	2.97	3.40	2.91	2.68	2.79	2.71	2.73	2.76	2.98
	产量	1701	1940	1692	1661	1740	1671	1736	1833	2120
	占比	2.15	2.28	2.05	1.96	1.95	1.83	1.83	1.88	2.19

续表

国家	年份	2010	2011	2012	2013	2014	2015	2016	2017	2018
埃及	面积	62	64	58	53	68	83	69	81	86
	占比	1.47	1.47	1.30	1.13	1.41	1.72	1.38	1.62	1.71
	产量	2208	2304	2025	1093	2505	3050	2459	2965	3067
	占比	2.79	2.70	2.45	1.29	2.81	3.33	2.59	3.04	3.17
世界	面积	4211	4358	4474	4693	4807	4839	4990	5005	5040
	产量	79186	85263	82564	84673	89157	91458	94839	97484	96774

资料来源：FAO 数据库（http：//www.fao.org/faostat/en/#data/Q）计算。

洋葱在世界蔬菜生产中具有举足轻重的作用，产量排名第二，比排名第一的西红柿少8444 万吨，较排名第三的黄瓜和小黄瓜多 1411 万吨，是排名第十的南瓜和葫芦的 3.6倍。洋葱已经占据了世界蔬菜的主要消费市场，是世界最重要的蔬菜之一，如图 5-1所示。

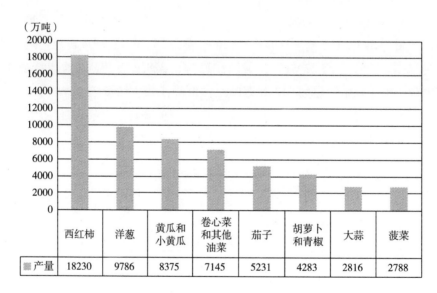

	西红柿	洋葱	黄瓜和小黄瓜	卷心菜和其他油菜	茄子	胡萝卜和青椒	大蒜	菠菜
产量	18230	9786	8375	7145	5231	4283	2816	2788

图 5-1　世界主要蔬菜产量

资料来源：FAO 数据库（http：//www.fao.org/faostat/en/#data/Q）计算。

二、洋葱产业供需平衡分析

（一）洋葱产业供给分析

1961～2018 年，我国洋葱种植面积从 0.05 亿亩增长到 0.17 亿亩，增长了 2.4%。单产从 934.2 千克/亩增长到 1474.4 千克/亩，增长了 0.6 倍。总产从 0.04 亿吨增长到 0.25亿吨，增长了 5.2 倍。其中，1961～2018 年，洋葱的单产指标整体呈缓慢增长趋势，总产指标整体呈大幅增长趋势，而种植面积指标整体呈小幅增长趋势。1961～1971 年，洋葱单产指标有所上升，但种植面积和总产却有所下降；1972～1984 年，洋葱单产指标呈现下降趋势，与此同时种植面积和总产呈现上升趋势；1984 年 1 月 1 日，中共中央发出的《关于 1984 年农村工作的通知》指出，1984 年农村工作的重点是：在稳定和完善生产责任制的基础上，提高生产水平，疏通流通渠道，发展商品生产。因此，1985～2019 年，洋葱单产、种植面积和总产三项指标的整体发展都呈现稳步上升趋势。自 2003 年以来，洋葱种植面积增长了 41.7%，单产增长了 1%，总产增长了 38.9%，单产提高对总产增加的贡献率达 138.4%，如图 5 - 2 所示。

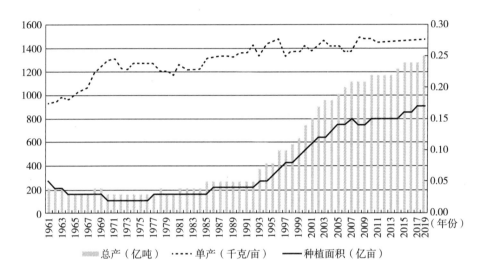

图 5 - 2　我国洋葱产业供给

资料来源：FAO 数据库（http：//www.fao.org/faostat/en/#data/Q）计算。

2020 年 1～11 月，我国鲜或冷藏的洋葱出口量为 79.0591 万吨，出口市场主要分布在日本、越南、马来西亚、韩国等国家。亚洲国家占据了我国鲜或冷藏洋葱出口量的 92.83%，其中，日本和越南从中国进口的洋葱总量占中国洋葱出口总量的 51.77%，是我国洋葱产业重要的出口市场。我国鲜或冷藏的洋葱主要出口到越南、日本、马来西亚、菲律宾、俄罗斯、韩国。我国对 6 个主要国家出口量占比达 76.32%，出口额占比达 83.92%。

（二）洋葱产业需求分析

洋葱深受世界各国的喜爱，年世界平均消费量在 7675 万吨。世界洋葱消费量前 10 国家有中国、印度、美国、俄罗斯、伊朗、巴基斯坦、孟加拉国、土耳其、埃及、尼日利亚，其中大部分国家位于亚洲地区。中国与印度是世界洋葱消费量最大的两个国家，消费量可以占世界洋葱消费总量的 47.16%，美国作为世界第三大洋葱消费国，与中国和印度相差较大，中国洋葱消费量是美国洋葱消费量的 6.32 倍。随着人们对洋葱的保健作用的认识提高，洋葱所具有的预防癌症和维护心血管健康的效果作用越来越受到重视。从总体来看，世界对洋葱的需求正在逐年增加，一些发达国家的蔬菜自给率持续下降，从而为我国洋葱出口带来巨大的机遇，如图 5-3 所示。

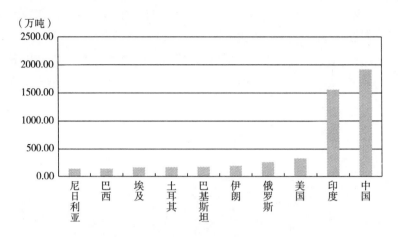

图 5-3 世界主要国家的洋葱年消费量

资料来源：美国农业部网站 www. USDA. GOV。

三、洋葱产业成本效益对比分析

（一）不同省份洋葱成本收益比较

2020 年重点对吉林、河南、甘肃、黑龙江和河北的洋葱投入产出进行了问卷调研，由于各个地区栽培品种的差异、组织模式的差异以及销售渠道的差异，导致各地区成本收益差距也较大。从销售产值看，吉林平均销售价格较高，部分产品出口俄罗斯、越南、老挝、日本、马来西亚等国，农户的最高销售价格达到 3.6 元/千克；而河北肥乡地区，虽然产量与其他地区差异不大，但价格只有 0.4 元/千克。从成本结构看，洋葱种植成本主要来自于种苗费、肥料费、农药费和机械作业费，尤其是种苗费，对于不同栽培品种，支出费用差异较大，如表 5-2 所示。

表 5-2 2020 年不同地区洋葱成本收益比较

调查内容	单位	吉林	黑龙江	甘肃	河南	河北
一、成本与收益						
每亩产品产量	千克	4532.2	6928.6	5945.50	5540.00	5050.0
平均价格	元/千克	2.5	1.3	1.01	0.64	0.4
每亩产品产值	元	8402.9	8427.5	7159.10	3371.40	2675.5
每亩总成本	元	3791.1	3570.0	3606.20	2512.50	1838.5
每亩纯收益	元	4611.8	4857.5	3552.90	858.90	837.0

续表

调查内容	单位	吉林	黑龙江	甘肃	河南	河北
二、每亩物质与服务费用	元	2051.1	2041.4	2399.00	1142.90	708.5
种子或芽苗费	元	1007.1	651.4	775.00	360.00	200.0
农用肥料费	元	294.0	585.7	370.00	474.30	224.9
农药费	元	255.4	342.9	164.00	59.30	59.8
农膜费	元	500.0	60.0	92.00	42.10	20.4
机械作业费	元	240.5	188.6	227.00	233.60	61.4
排灌费	元	40.4	64.3	208.30	20.00	127.2
技术服务费	元	0.0	0.0	200.00	0.00	0.0
保险费	元	0.0	0.0	0.00	0.00	0.0
其他直接费用	元	0.0	280.0	466.70	97.90	0.0
三、每亩人工成本	元	1040.0	828.6	1385.00	916.70	290.0
四、每亩土地成本	元	700.0	700.0	1300.00	452.90	840.0

资料来源：特色蔬菜产业体系实验站调研数据。

（二）不同品种洋葱成本收益比较

洋葱的不同栽培品种，支出费用和收益差异较大。从 2020 年调研结果来看，红皮洋葱平均出售价格为 0.92 元/千克左右，黄皮洋葱平均出售价格为 0.98 元/千克左右，分蘖洋葱平均出售价格最高，为 3.1 元/千克左右，紫皮洋葱平均出售价格为 0.4 元/千克左右。不同品种洋葱单产也有很大差异。分蘖洋葱亩产在 3000 千克左右；红皮洋葱、黄皮洋葱和紫皮洋葱差异不大，亩产 5000～6000 千克；红皮洋葱平均成本收益率为 50.30%，平均总成本为 3761.9 元/亩，平均纯收益为 1892.1 元/亩；黄皮洋葱平均成本收益率为 95.11%，平均总成本为 3345.4 元/亩，平均纯收益为 3181.8 元/亩；分蘖洋葱平均成本收益率为 146.33%，平均总成本为 3823.1 元/亩，平均纯收益为 5594.2 元/亩；紫皮洋葱平均成本收益率为 45.53%，平均总成本为 1838.5 元/亩，平均纯收益为 837 元/亩。由此可见，种植分蘖洋葱收益最为可观，如表 5 - 3 所示。

表 5 - 3　2020 年不同品种洋葱成本收益比较

调查内容	单位	红皮洋葱	黄皮洋葱	分蘖洋葱	紫皮洋葱
一、成本与收益					
每亩主产品产量	千克	6363.30	6196.50	3134.50	5050.00
每亩产品产值	元	5653.90	6527.20	9417.30	2675.50
平均出售价格	元/千克	0.92	0.98	3.10	0.40
每亩总成本	元	3761.90	3345.40	3823.10	1838.50
每亩纯收益	元	1892.10	3181.80	5594.20	837.00
成本纯收益率	%	50.30	95.11	146.33	45.53

调查内容	单位	红皮洋葱	黄皮洋葱	分蘖洋葱	紫皮洋葱
二、物质与服务费用	元	1798.80	1901.90	2083.10	708.50
种子或芽苗费	元	572.20	640.00	1150.00	200.00
农用肥料费	元	333.30	521.80	211.60	224.90
农药费	元	110.00	238.50	237.60	59.80
农膜费	元	92.20	109.50	700.00	20.40
机械作业费	元	286.70	150.90	312.70	61.40
排灌费	元	106.70	106.00	32.20	127.20
技术服务费	元	6.70	100.00	0.00	0.00
保险费	元	0.00	0.00	0.00	0.00
其他直接费用	元	260.00	215.40	0.00	0.00
三、每亩人工成本	元	1150.60	872.70	1040.00	290.00
四、每亩土地成本	元	812.50	570.80	700.00	840.00

资料来源：特色蔬菜产业体系实验站调研数据。

（三）不同组织模式洋葱成本收益比较

洋葱种植生产以农户为主，用于加工、出口的洋葱多为合作社、家庭农场生产。以下计算的是以农户、家庭农场和合作社为经营主体的成本与收益。农户平均出售价格为 0.85 元/千克左右，家庭农场平均出售价格最高为 1.72 元/千克左右，合作社平均出售价格为 1.19 元/千克左右。洋葱价格较低，单产较高，亩产 5000～6000 千克。洋葱农户生产平均成本收益率为 52.06%，平均总成本为 3284.6 元/亩，平均纯收益为 1710.1 元/亩；家庭农场生产平均成本收益率为 78.32%，平均总成本为 3119.7 元/亩，洋葱的平均纯收益也是最高，为 2443.4 元/亩；合作社生产平均成本收益率为 74.84%，平均总成本为 2913.6 元/亩，平均纯收益为 2180.6 元/亩。由此可见，以家庭农场为生产模式的洋葱种植户收益最为可观，如表 5-4 所示。

表 5-4 2020 年不同组织模式洋葱成本收益情况

调查内容	单位	农户	家庭农场	合作社
一、成本与收益				
每亩主产品产量	千克	5990.40	4997.50	5206.50
每亩产品产值	元	4994.70	5563.10	5094.20
平均出售价格	元/千克	0.85	1.72	1.19
每亩总成本	元	3284.60	3119.70	2913.60
每亩纯收益	元	1710.10	2443.40	2180.60
成本纯收益率	%	52.06	78.32	74.84

续表

调查内容	单位	农户	家庭农场	合作社
二、物质与服务费用	元	1707.90	1701.90	1647.80
种子或芽苗费	元	580.90	638.90	618.80
农用肥料费	元	380.80	361.70	401.30
农药费	元	138.60	227.60	201.40
农膜费	元	58.80	380.00	47.80
机械作业费	元	146.40	285.30	205.00
排灌费	元	143.90	43.00	82.90
技术服务费	元	200.00	0.00	0.00
保险费	元	0.00	0.00	0.00
其他直接费用	元	248.10	175.00	200.00
三、每亩人工成本	元	1031.00	724.00	503.30
四、每亩土地成本	元	545.70	693.80	762.50

资料来源：特色蔬菜产业体系实验站调研数据。

四、洋葱价格变动分析

（一）国内洋葱价格变动

2010～2020 年，洋葱价格整体呈波动上升趋势。2011 年洋葱的价格是近十年以来的最低值，仅 1.66 元/千克。洋葱月均价格最高点出现在 2016 年，最高达到 4.79 元/千克，平均价格为 2.89 元/千克。2020 年洋葱平均价格为 2.56 元/千克，较 2019 年相比涨幅不大，同比上升 0.79%，是近三年来最高价格，如图 5-4 所示。

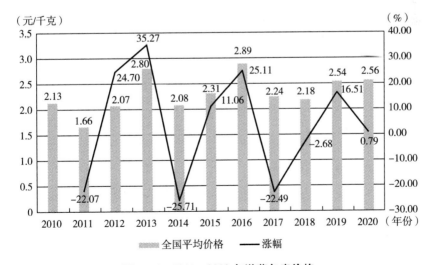

图 5-4 2010～2020 年洋葱年度价格

资料来源：农业部农产品价格信息网。

从 2015 年 1 月到 2020 年 12 月，洋葱价格整体呈波动上升趋势。洋葱月均价格最低点出现在 2017 年 7 月，为 1.86 元/千克，最高点出现在 2016 年 3 月，达到 4.79 元/千克。基本上每年的 2 月左右价格达到顶峰，后下降至平稳状态，6~7 月是一年当中洋葱价格最低的时候。2020 年，中国洋葱价格呈现 "V" 字形反转行情，2020 年 1 月底由于疫情的爆发，恐慌和囤菜行为导致洋葱价格在 2020 年 2 月达到疫情以来的峰值 3.79 元/千克。随着国家对蔬菜市场进行干预稳定物价和春季农业生产有序开展，洋葱价格回落，国内洋葱价格持续下跌，5~6 月价格达到历史最低，但 7 月甘肃洋葱上市后，国内洋葱价格开始上升，进入 12 月，价格再次出现小幅下降趋势，如图 5-5 所示。

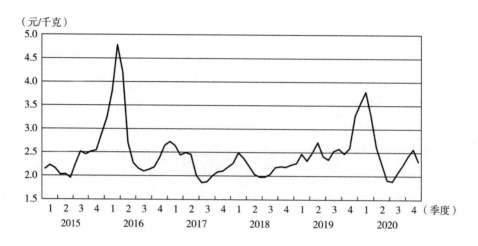

图 5-5　2015 年 1 月至 2020 年 12 月洋葱季度价格

资料来源：农业部农产品价格信息网。

（二）中国洋葱出口价格分析

从月份上看，中国出口到德国的干洋葱的价格波动较为明显。在 3 月达到了上半年的小高峰，为 3.76 美元/千克，在 3 月之后开始持续下跌，至 6 月到达低谷为 2.31 美元/千克。6 月之后价格开始回弹，在 9 月时出口到德国的洋葱价格到达 5.89 美元/千克，10 月又下跌到正常水平为 2.79 美元/千克；中国出口到美国的干洋葱的价格波动整体呈下跌趋势，在 5 月前呈上升趋势，且交易价格最高 3.83 美元/千克，之后的价格呈下跌趋势，在 10 月时跌幅最为明显，从 9 月的 3.14 美元/千克跌到了谷底为 0.83 美元/千克；中国出口到印度尼西亚的干洋葱的价格波动较为稳定，其 1~9 月的价格基本上保持在 2.35~2.18 美元/千克，但在 10 月时出现了较大跌幅，从 9 月的 2.35 美元/千克下跌到了 1.06 美元/千克；中国出口到澳大利亚的干洋葱的价格波动整体比较平缓，在 10 月出现较大跌幅，其 1~9 月的价格一直在 3.17~2.55 美元/千克，为中小幅波动，其 3~5 月以及 6~9 月都呈缓慢增长的趋势。在 10 月，其价格从 9 月的 3.17 美元/千克下跌到了 1 美元/千克，跌幅较大；中国出口到荷兰的干洋葱的价格波动整体较为稳定，其 1~4 月以及 7~10 月呈上升趋势，在 4 月到达顶峰为 3.05 美元/千克，其 4～7 月呈下降趋势，在 7 月到达谷底为 2.09 美元/千克。从总体上看，德国的价格波动最为明显，荷兰的价格波动较为平缓，印度尼西亚在前 9 个月的价格最为平缓。其中美国、印度尼西亚、德国、澳大利亚这 4 个国家在 10 月的价格都出现了较大的跌幅，如图 5－6 所示。

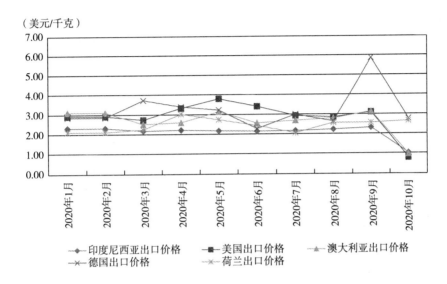

图 5－6　2020 年 1～10 月中国干洋葱出口各国的价格比较

资料来源：农业部农产品价格信息网。

五、洋葱产业形势变化

（一）中国洋葱产业形势变化

受到疫情的影响，2020 年上半年洋葱食品加工厂开工率较低，餐饮业需求大幅度下降，洋葱出口也大量减少，洋葱价格不断下跌。随着国内疫情得到有效控制，2020 年下半年国内市场需求增加，消费回升对洋葱产业的发展起到积极的作用。

在出口方面，由于天气原因以及印度洋葱的出口限制，我国洋葱出口增长势头强劲，尤其是东南亚市场需求较大。2020 年 1～11 月，我国鲜或冷藏的洋葱出口量达到 79 万吨，其中对印度尼西亚、斯里兰卡、老挝、孟加拉国、越南等国家的出口量有较大幅度的突破和提升，如图 5－7 所示。

中国到孟加拉国的鲜洋葱在 2017 年和 2018 年几乎没有出口，在 2019 年 10～12 月开始出口，并且在 2020 年 1 月达到最高值；在 2020 年，从 9 月开始出口，11 月急速下降，整体来说，2020 年的出口量比 2019 年明显增多。

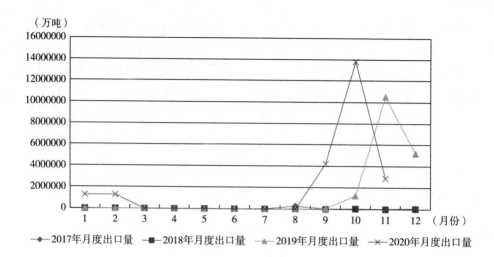

图 5 - 7　2017 ~ 2020 年中国出口洋葱孟加拉国情况

资料来源：FAO 数据库（http：//www.fao.org/faostat/en/#data/Q）计算。

中国出口至老挝的鲜洋葱量在 2017 ~ 2019 年出口量非常低，甚至在 2017 年并没有出口；在 2020 年，中国到老挝的出口量急剧上升，10 月达到峰值，11 月有所下降，但是出口量仍然在 30 万千克以上，如图 5 - 8 所示。

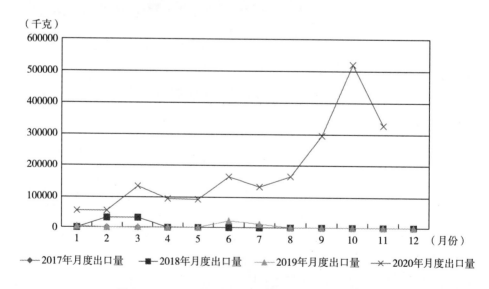

图 5 - 8　2017 ~ 2020 年中国洋葱出口老挝月度情况

资料来源：FAO 数据库（http：//www.fao.org/faostat/en/#data/Q）计算。

（二）印度洋葱产业形势变化

2019 年，印度洋葱主产区先后遭遇严重的干旱和洪涝灾害，导致产量大幅下降，批发价和零售价一路走高。为了控制国内洋葱价格飙升，印度政府在 2019 年 9 月底宣布禁止出口洋葱。禁令出台后，印度国内的洋葱价格有所回落，印度的洋葱出口禁令导致其他邻国出现"洋葱荒"现象。

由于全国范围内的封锁，直到 2020 年 4 月底，印度古吉拉特邦和马哈拉施特拉邦的洋葱批发市场才被允许启动。因此，收获的洋葱被转移到需求旺盛的新鲜市场，大多数脱水洋葱加工商无法购买原料。印度工厂的停工导致了洋葱下一季度种植面积减少，印度洋葱总产量下降幅度达 30% 左右。

第六章　2020 年度中国韭菜产业发展形势

一、韭菜产业形势分析

韭菜是一种食用和药用价值都很高的食药同源的营养保健蔬菜。在全球韭菜生产中，我国是韭菜主产区，虽然菲律宾、马来西亚、日本、韩国等国也有种植，但面积和产量都远不及中国。目前我国韭菜播种面积大约在 635 万亩，占蔬菜总面积（3.43 亿亩）的 1.9%。在特菜产品中，面积低于辣椒、大蒜和大葱，高于莲藕、芥菜和姜。河北乐亭、辽宁义县、山东寿光等地，均有万亩以上的鲜韭生产基地。由于消费习惯和偏好，韭菜出口量较少，主要集中在韩国和日本等国，如图 6 - 1 所示。

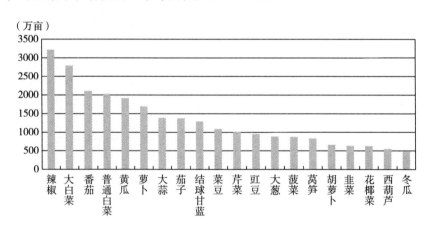

图 6 - 1　主要蔬菜品种的种植面积

资料来源：国家大宗蔬菜产业体系调研数据。

二、韭菜成本收益分析

韭菜种植者的收益主要来源于青韭种植，同时也有韭菜花副产品收益。韭菜种植的成本包括农药化肥购置成本、种子种苗成本、人工成本、灌溉成本（用电、燃油等）等。

目前，韭菜生产主要靠增加产量、降低成本来提高收益。

（一）河南韭菜成本收益情况

选取河南露地栽培、小拱棚栽培和日光温室栽培为代表，进行成本收益调查核算。按平均情况看，河南露地韭菜亩产8500千克，生产总成本为7100元，纯收益为6500元，成本纯收益率为91.5%；河南小拱棚栽培亩产5000千克，生产总成本为6200元，纯收益为7800元，成本纯收益率为125.8%；河南日光温室大棚韭菜亩产7000千克，生产总成本为12700元，纯收益为12500元，成本纯收益率为98.4%，如表6-1所示。

表6-1　河南韭菜种植成本收益情况

调查内容	单位	露地栽培	小拱棚栽培	日光温室栽培
一、每亩成本与收益				
主产品产量	千克	8500	5000	7000
副产品产量	千克	—	—	—
总产值合计	元	13600	14000	25200
主产品（韭菜）产值	元	13600	18000	25200
副产品（韭花）产值	元	—	—	—
总成本	元	7100	6200	12700
纯收益	元	6500	7800	12500
二、每亩物质与服务费用	元	2500	2700	12200
种子或芽苗费	元	200	200	200
农用肥料费	元	1500	1200	1200
农药费	元	400	300	300
水电费	元	200	200	200
固定资产折旧（棚室）	元	0	500	10000
其他直接费用	元	200	300	300
三、每亩人工成本	元	3600	2500	4000
四、每亩土地成本	元	1000	1000	1000

资料来源：河南省调查数据整理所得。

从调查数据可以看出，河南不同种植模式的总成本收益差别较大，比较不同模式的成本构成可见，河南地区露地栽培产量可达到1.6万~2万斤/亩，产量虽然较高，但价格偏低，产值相对较低。日光温室大棚种植收益较高，主要是因为利用日光温室种植，可以让韭菜的收割期从11月延至次年2月底，这段时期，正值韭菜价格高峰期，使亩产值增加。从生产要素成本来看，河南地区由于平顶山的种苗培育系统完善，种苗费用相对其他地区偏低。河南省平顶山市农业科学研究所自20世纪70年代初期开始从事韭菜育种研究工作，在近40年的科研工作实践中，全面开展了韭菜常规育种、一代杂交育种、放射线辐射育种、空间诱变一方育种研究等，培育成功了系列韭菜新品种，为促进中国韭菜生产的快速发展做出了突出贡献。目前，拥有繁育种基地 1000 亩，产量 10 万斤，种类达 400多个。

（二）河北韭菜生产成本收益

河北省的主要栽培模式也包括露地栽培、中小拱棚栽培和日光温室栽培，成本收益核算存在较大差异。总的来看，河北露地韭菜一茬亩产 3000 千克，纯收益为 3000 元，成本收益率为 93.75%；河北小拱棚栽培亩产 5000 千克，总成本为 7500 元，纯收益为 10400元，成本纯收益率为 138.7%；河北日光温室大棚韭菜亩产 6000 千克，总成本为 17800元，纯收益为 11000 元，成本纯收益率为 61.8%。河北乐亭县、饶阳县等地主要采用小拱棚或中棚上草苫反季节生产，中棚普遍配备了自动卷帘机等先进装备，从而大大节省了劳动力，提高了生产效率。利用中小棚实行韭菜反季节生产具有投资小、见效快、风险低的特点，是当前农民进行农业结构调整、实现增收致富的好模式，如表 6-2 所示。

表 6-2　河北韭菜种植成本收益情况

调查内容	单位	露地栽培	中小拱棚栽培	日光温室
一、每亩成本与收益				
主产品产量	千克	3000	5000	6000
副产品产量	千克	—	—	—
总产值合计	元	6000	18000	28800
主产品（韭菜）产值	元	6000	18000	28800
副产品（韭花）产值	元	—	—	—
总成本	元	3200	7500	17800
纯收益	元	3000	10400	11000
二、每亩物质与服务费用	元	1200	2600	12600
种子或芽苗费	元	150	300	300
农用肥料费	元	850	1100	1600
农药费	元	100	300	300
排灌费	元	100	200	200
固定资产折旧（棚室）	元	0	500	10000
其他直接费用	元	100	200	200
三、每亩人工成本	元	1800	4000	4200
四、每亩土地成本	元	1000	1000	1000

资料来源：河北省调查数据整理所得。

（三）其他省份韭菜生产成本收益

从甘肃、山东和安徽韭菜成本收益情况看，甘肃韭菜收益较高，主要原因是韭菜的品质高，销售价格高。武山韭菜是甘肃韭菜的典型代表，培养地区由正本渭河流域 6 州里增加到 12 个州里的 203 个村，面积由 3600 亩增加到 4.2 万亩，年产量达 1.74 亿千克，年总产值达 1.2 亿元。建成了以洛门、山丹为中间的两个万亩无公害韭菜基地，冷藏运送韭菜、韭薹的冷冻库增长到 8 个，储藏能力达 3000 多吨，如表 6 - 3 所示。

表 6 - 3　其他省份韭菜种植成本收益情况

调查内容	单位	甘肃棚室韭菜	山东棚室韭菜	安徽棚室韭菜
一、每亩成本与收益				
主产品产量	千克	6000	4000	3000
副产品产量	千克	—	1200	—
总产值合计	元	25200	10640	15000
主产品（韭菜）产值	元	25200	8000	15000
副产品（韭花）产值	元	—	2640	—
总成本	元	8450	4680	5250
纯收益	元	16750	5960	9750
二、每亩物质与服务费用	元	4450	2080	1450
种子或芽苗费	元	400	200	100
农用肥料费	元	600	1000	300
农药费	元	150	300	100
排灌费	元	200	80	100
固定资产折旧（棚室）	元	3000	500	700
其他直接费用	元	100	—	150
三、每亩人工成本	元	3000	1600	2800
四、每亩土地成本	元	1000	1000	1000

资料来源：各省调查数据整理所得。

三、韭菜市场价格与波动趋势

以 2012～2020 年的数据为基础，从青韭的年度价格、月度价格以及韭菜不同产品类别方面对我国韭菜价格走势进行分析。

（一）韭菜年度价格平稳上升

2012～2020 年，韭菜的年均价格整体波动不大，韭菜年均价格整体呈平稳上升趋势（见图 6 - 2）。2017 年韭菜年均价格处于最低点 3.51 元/千克，2020 年韭菜年均价格处于最高点是 4.78 元/千克，相较 2017 年韭菜年均最低价格增长 36.18%。总体来看，2012～

2020 年韭菜年均价格变化幅度相对较小，价格变化幅度不大较为稳定。

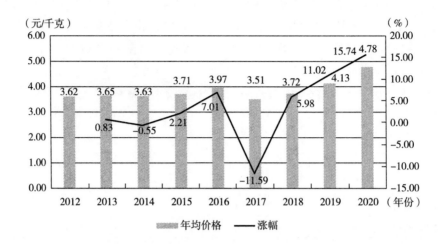

图 6-2　2012~2020 年韭菜年均价格及涨幅走势

资料来源：农业农村部价格信息网。

（二）韭菜月度价格呈"U"形特征

从 2012~2020 年月度平均批发价格看，韭菜月度价格呈现"U"形波动趋势（见图 6-3）。2012~2020 年我国韭菜批发价格走势基本一致，韭菜年内批发价格呈现出下降—上升两个阶段。1~5 月呈现下降趋势，6~8 月又有小幅度波动，9 月以后出现持续上涨趋势，在 12 月、次年 1 月和次年 2 月出现韭菜价格的最高峰值。

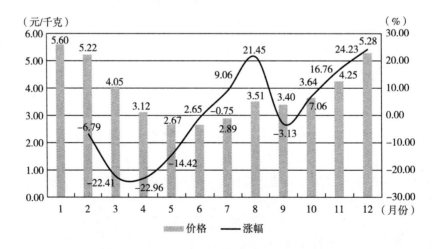

图 6-3　2012~2020 年韭菜月均价格及涨幅走势

资料来源：农业农村部价格信息网。

（三）不同韭菜产品价格比较

1. 韭菜

2012～2020年，韭菜的历年价格波动幅度相对较小，价格最高的是2020年的4.78元/千克，价格最低的是2017年的3.51元/千克，两者相差1.27元/千克，2012～2020年韭菜年平均价格为3.86元/千克，韭菜在2012年以后价格基本稳定呈现波动上升趋势。

2. 韭黄

韭黄从2012年开始处于逐年波动上涨趋势。2014年，韭黄的价格已经处于四种韭菜产品价格第一位，是11.25元/千克，比第二位的韭薹价格11.07元/千克高出1.63%，2012年为韭黄最低价11.12元/千克，2019年则是韭黄最高价13.99元/千克，增幅达25.81%，韭黄的年平均价格是12.53元/千克。

3. 韭菜花

韭菜花的价格变动幅度在2012～2014年较大，2012年处于最低价格8.16元/千克，2013年价格10.44元/千克，增长幅度27.94%，2014～2016年价格趋于平稳，到2017年韭菜花的价格又有所回落，下降幅度为11.17%，韭菜花价格整体呈先增长后平稳，近期下降趋势，韭菜花的年平均价格为9.72元/千克。

4. 韭薹

韭薹最高价格是2013年的13.85元/千克，最低价格是2016年的10.11元/千克，相差3.74元/千克，变动幅度为37%，韭薹的年平均价格为11.26元/千克，且韭薹价格波动比较大，从2013年处于一个高峰位置，之后开始整体呈波动下降趋势。

韭薹、韭黄、韭菜花的价格远高于韭菜，是韭菜价格的3～5倍，但价格波动较大。韭菜、韭菜花、韭黄、韭薹的年平均价格分别是3.86元/千克、9.72元/千克、12.53元/千克、11.26元/千克，韭菜价格为历年最低，而韭黄价格在年平均价格中处于领先位置，韭薹和韭菜花次之，但远高于韭菜的价格，如图6-4所示。

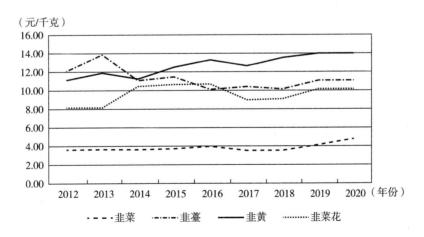

图6-4 2012～2020年韭菜产品年均价格

资料来源：农业农村部价格信息网。

四、韭菜产业结构调整

传统的韭菜栽培方式有露地栽培、中小拱棚栽培和日光温室栽培。露地栽培主要以一家一户小农户种植为主,种植规模较小,露地韭菜投资少、效益较高,如果精心管理,每年可获亩效益 5000 元以上。中小拱棚栽培多实行韭菜反季节生产,有投资较小、见效快、风险低的特点,河北、河南等地中小拱棚种植,成为农业结构调整、实现增收致富的好模式。日光温室栽培模式中大棚造价较高,但在冬季,能够延长生产周期,在韭菜产品消费高峰期上市,获得较高利润。调研中发现,无论哪种模式,都以农户分散种植为主,缺少大的龙头企业和专业合作社等龙头组织。

新型的栽培模式主要有盆栽韭菜和水培韭菜,盆栽韭菜对于生产者来说,大大减少了人工采收成本。生产者只需要种植养根,移栽入盆,进行市场销售,每盆平均纯收益在 30~35 元。消费者能够随吃随割,每盆收割 4~5 茬,共收割 6~7 斤,消费者反映盆栽韭菜口感好,无土腥味。水培韭菜就是韭菜在营养液槽中种植,利用营养液供韭菜生长的一种栽培模式,水培韭菜可收割 8~10 茬,亩产达到 8000 千克,但成本费用相对较高,初步核算每亩地投入基本费用 3 万元。

结构调整的方向:加大对黄韭的宣传推广、加强韭菜花精深加工产品的开发;推进水培韭菜的试验研究,让盆栽韭菜发展为韭菜生产消费的重要方式;推动“龙头产业组织(产业化联合体、龙头企业、专业化合作)+农户”模式,即统分结合的模式,龙头负责产中统一投入品管理、生产过程统一技术指导,统一品牌,统一销售,农户进行分散种植,精心管理。

五、韭菜产业安全问题

(一) 2018~2020 年韭菜安全事件

1. 有机磷、甲拌磷超标事件

有机磷农药是指含磷元素的有机化合物,有机磷农药种类很多,主要用于防治植物病、虫、草害,根据其毒性强弱分为高毒、中毒、低毒 3 类。其在农业生产中的广泛使用,导致农作物中发生不同程度的残留。有机磷农药对人体的危害以急性毒性为主,多发生于大剂量或反复接触之后,会出现一系列神经中毒症状,如出汗、震颤、精神错乱,严重者会出现呼吸麻痹,甚至死亡。

甲拌磷是一种有机磷类广谱、内吸、高毒杀虫剂,对害虫具有触杀、胃毒、熏蒸作用,属高毒农药。2019 年 11 月,农业农村部发布的禁限用农药名录中指出甲拌磷属高毒农药,不得用于蔬菜、瓜果、菌类、茶叶、中草药、甘蔗作物上,禁止用于防治害虫,禁止用于水生植物的病虫害防治。大部分抽检中韭菜等蔬菜检出甲拌磷不合格,其原因是种

植过程中违规使用，或由土壤等环境污染而富集。近年韭菜甲拌磷违规使用事件如表 6 -
4 所示。

表 6 - 4　近年韭菜甲拌磷违规使用事件

时间	地区	事件
2020 年 11 月	山西	山西省绛县古绛镇秋玲蔬菜店销售的韭菜中甲拌磷超标
2020 年 10 月	安徽	广德邱村镇宏霞蔬菜销售点的韭菜，甲拌磷检验值为 1.93 毫克/千克
2020 年 9 月	北京	北京卜蜂莲花连锁超市有限公司金源时代店所售卖的散装韭菜经国家食品质量安全监督检验中心检测，存在甲拌磷超标的问题，该批次韭菜甲拌磷含量高达 0.73 毫克/千克
2020 年 7 月	河北	河北清丰县亚威百姓购物广场销售的一批次韭菜，甲拌磷超标
2019 年 7 月	山东	临沂市沂水县学富煎饼店使用的韭菜中，甲拌磷项目不合格
2018 年 7 月	辽宁	抚顺易品鑫源商贸有限公司一批次散装称重韭菜不合格，不合格原因是甲拌磷超标
2018 年 5 月	山东	山东省济南市种植韭菜的潘某在自家种植的韭菜地内，使用甲拌磷乳油浇灌韭菜，被济阳县农业局执法人员当场查获

资料来源：各级地方政府部门网站整理所得。

2. 腐霉利超标事件

腐霉利（Procymidone）属于低毒性杀菌剂，兼具保护和治疗作用，可用于防治黄瓜、茄子、番茄、洋葱等的灰霉病，莴苣、辣椒的茎腐病，油菜的菌核病等。GB 2763 - 2014《食品安全国家标准食品中最大残留限量》规定韭菜中腐霉利的最大残留限量为 0.2 毫克/千克。少量的农药残留不会导致急性中毒，但长期食用农药残留超标的蔬菜，可能对人体健康产生一定的不良影响。近年来，腐霉利超标事件不断涌现，如表 6 - 5 所示。

表 6 - 5　近年来腐霉利超标事件

时间	地区	事件
2020 年 12 月	河北	河北省秦皇岛市市场监督管理局发布食品安全抽检信息公告，有 4 批韭菜被检不合格，腐霉利残留超标
2020 年 12 月	河北	河北省唐山市市场监督管理局发布 2020 第 10 期食品安全监督抽检信息。本次抽检 8 批次韭菜不合格腐霉利超标
2020 年 7 月	山东	山东省食品药品监督管理局披露检测韭菜腐霉利超标
2020 年 6 月	安徽	安德利百货股份有限公司（合肥）经销的韭菜，经安徽省产品质量监督检验研究院检验腐霉利不符合食品安全国家标准规定
2020 年 6 月	上海	上海市闵行区陇南批发市场销售的韭菜，腐霉利不符合食品安全国家标准规定
2020 年 6 月	江苏	江苏省南京市江宁区汪志华蔬菜店销售的韭菜，腐霉利不符合食品安全国家标准规定

续表

时间	地区	事件
2020 年 6 月	上海	上海联家超市有限公司友谊南方商城店销售的、来自舜禾农业（上海）有限公司的柳店韭菜（福），腐霉利不符合食品安全国家标准规定
2020 年 5 月	贵州	贵州省江口县市场监管局发布天天平价农产品有限公司销售的韭菜，被检出腐霉利不符合食品安全国家标准规定。腐霉利含量是 13.8 毫克/千克
2019 年 12 月	安徽宿州市	市场监管局抽检 12 批次韭菜不合格，腐霉利含量超标
2019 年 9 月	湖北	市场监督管理局抽检武汉市洪山区永忠蔬菜商行销售的韭菜，检出腐霉利超标
2019 年 7 月	贵州	市场监管局公布 2 批次韭菜检出腐霉利超标
2019 年 6 月	福建	市场监督管理局发布食品安全监督抽检信息公告，莆田市秀屿区升乐购超市销售的韭菜，经初检和复检，腐霉利超标
2019 年 5 月	河南	市场监督管理局抽检漯河市物美廉商贸有限公司嫩江路分公司销售的 1 批次韭菜，腐霉利含量超标
2019 年 4 月	河南	检测出"胖东来"超市 3 批次韭菜腐霉利超标
2019 年 2 月	江苏	昆山市食安办发布公告，本月在对各类食品进行抽检时发现 6 批次的韭菜被检出腐霉利超标，且整整超标国家标准 90 倍
2018 年 8 月	浙江	杭州的小余吃了在盒马鲜生买的韭菜中毒，经查显示腐霉利超标
2018 年 8 月	江苏	苏州高新区市场监管局近日公布食品安全抽检信息，胡桃里音乐酒馆中，被检出 1 批次韭菜腐霉利超标 21 倍
2018 年 4 月	天津	国家轻工业食品质量监督检测天津站对天津劝宝超市有限责任公司购物广场经营的韭菜进行抽样检验，发现韭菜中腐霉利超标

资料来源：各级地方政府部门网站整理所得。

3. 多菌灵、克百威、氧乐果和毒死蜱等超标事件（见表 6 - 6）

多菌灵为高效低毒内吸性杀菌剂，对多种作物由真菌引起的病害有防治效果。在我国的使用范围广泛，但其残留能引起肝病和染色体畸变，对哺乳动物有毒害。《食品安全国家标准 食品中农药最大残留限量》（GB 2763 - 2016）规定韭菜中多菌灵的最大残留限量为 2 毫克/千克。

克百威别称呋喃丹，高效、低残留、高毒性的氨基甲酸酯类杀虫、杀螨、杀线虫剂。具有内吸、触杀、胃毒作用，并有一定的杀卵作用，持效期较长。2019 年 11 月，农业农村部发布的禁限用农药名录中指出，克百威禁止在蔬菜、瓜果、茶叶、菌类、中草药材、甘蔗作物上使用，禁止用于防治卫生害虫，禁止用于水生植物的病虫害防治。2019 年 12 月，农业农村部公告第 250 号中指出，克百威被列入食品动物中禁止使用的药品及其他化合物清单。

氧乐果属高毒杀虫剂，主要用于防治刺吸式口器害虫，对咀嚼式口器害虫也有效。主要用于棉花、小麦、果树、蔬菜、高粱等作物防治各种蚜虫、红蜘蛛，用于水稻可防治飞虱、蓟马、稻纵卷叶螟等。2019 年 11 月，农业农村部发布的《禁限用农药名录》中指出，氧乐果禁止在蔬菜、瓜果、茶叶、菌类、中草药材上使用，禁止用于防治卫生害虫，禁止用于水生植物的病虫害防治。

毒死蜱又名氯吡硫磷，是一种常用的杀虫剂，对水稻、小麦、棉花、果树、蔬菜、茶树上多种咀嚼式和刺吸式口器害虫均具有较好防效。毒死蜱与常规农药相比毒性低，是替代高毒有机磷农药的首选药剂。农业农村部在 2019 年 11 月公布了最新《禁限用农药名录》，其中规定毒死蜱部分禁用，禁用在蔬菜上。

表 6-6 近年来多菌灵、克百威、氧乐果和毒死蜱等超标事件

时间	地区	事件
2020 年 1 月	河南	市场监督管理局组织抽检鹿邑县三联生鲜农场谷阳路店销售的 1 批次韭菜，多菌灵检出值为 6.29 毫克/千克，标准规定为不大于 2 毫克/千克
2019 年 3 月	河南	河南省市场监督管理局发布了通告，通许县福德隆超市销售的 1 批次韭菜，多菌灵检出值为 5.14 毫克/千克
2020 年 10 月	山东	日照市岚山区千汇服装商场的韭菜克百威检验值为 0.16 毫克/千克，标准值为 ≤0.02 毫克/千克，经检验超标 8 倍
2020 年 9 月	山东	商河县季季鲜蔬菜店的韭菜，克百威检验值为 0.077 毫克/千克，标准值为 ≤0.02 毫克/千克，超标 3 倍多
2020 年 9 月	山东	商河县绿源购物超市的韭菜，克百威检验值为 0.028 毫克/千克，标准值为 ≤0.02 毫克/千克
2019 年 12 月	山东	青岛北国之春大酒店有限公司的生韭菜中的克百威含量超标
2019 年 3 月	浙江	温州市鹿城区市场监管局对鹿城区德政农贸市场周某销售的韭菜进行抽检，检出含有氧乐果、腐霉利成分。其中腐霉利超出限量值 13 倍，高毒农药氧乐果超出限量值 120 倍
2020 年 10 月	山东	东营区昊欣烟酒副食超市的韭菜，氧乐果检验值为 0.24 毫克/千克，标准值为 ≤0.02 毫克/千克，经检验超标 12 倍
2020 年 10 月	山东	桓台县城区宗祥蔬菜经营部的韭菜，氧乐果检验值为 0.20 毫克/千克，标准值为 ≤0.02 毫克/千克，经检验超标 10 倍
2020 年 8 月	吉林	莲花山生态旅游度假区祥升超市销售的韭菜（散装称重），毒死蜱检验值为 0.26 毫克/千克，标准值为 ≤0.1 毫克/千克
2020 年 8 月	黑龙江	南岗哈达大军蔬菜的韭菜检出毒死蜱超标，不符合食品安全国家标准规定
2019 年 11 月	青海	海西州天峻县赵平菜铺销售的韭菜，经检验毒死蜱不符合食品安全国家标准规定
2018 年 3 月	江苏	南京市鼓楼区飞龙蔬菜配送中心销售的"韭菜"毒死蜱农药残留超标
2018 年 11 月	安徽	安庆市世纪华联超市有限公司中宜大卖场经销的韭菜，毒死蜱超标

资料来源：各级地方政府部门网站整理所得。

通过对近年韭菜安全事件进行汇总可以看韭菜超标事件中，超标成分主要由甲拌磷、有机磷超标转为腐霉利超标以及少部分多菌灵、克百威、氧乐果和毒死蜱等成分超标。腐霉利主要为防治韭菜灰霉病，如果农户使用农药操作不当，极易出现农残超标在韭菜上。韭菜的韭蛆和灰霉病是影响韭菜质量和产量的两大阻碍，韭菜质量安全问题的产生也是由

于韭菜种植者采用错误方法消灭韭蛆和灰霉病导致，因此，在以后韭菜生产中要关注韭菜的韭蛆及灰霉病问题，引导农户安全生产规范操作。

（二）韭菜"双证制度"

根据山东省农业厅、省食品药品监督管理局《关于全面推进韭菜产品"双证制"管理进一步强化产地准出市场准入衔接的通知》要求，自 2017 年 11 月 1 日起，在山东全省范围内对韭菜产品实施"双证制"管理。"双证制"管理中的"双证"是指韭菜产品合格证和市场销售凭证。其中，"韭菜产品合格证"开具主体是韭菜产品生产者，包括韭菜产品生产企业、农民合作社和家庭农场（韭菜种植面积在 0.5 亩以上），合格证开具者对其销售的韭菜产品质量安全负责。韭菜生产主体对外销售或直接供应使用单位（包括食品生产加工企业、餐饮服务单位）均必须开具"韭菜产品合格证"。无公害农产品、绿色产品、有机农产品有效期内认证证书复印件（签署生产者名称、联系人、联系电话等信息）以及有效的食用农产品质量安全追溯标签，可作为"韭菜产品合格证"同等效力的证明材料。"市场销售凭证"的开具主体是食用农产品批发市场韭菜经营业户，一式两联，一联作为韭菜产品供货者、入场销售者的销售凭证和销售记录，另一联作为农贸市场、超市、便利店等其他食用农产品销售者以及生产加工、餐饮服务等使用者的购货凭证和进货查验记录凭证。

（三）"放心韭菜"地图

"放心韭菜"地图是 2016 年山东省组织开展了韭菜质量安全专项整治行动，将种植面积 0.5 亩以上（含 0.5 亩）的生产经营主体全部纳入监管范围，依靠县、乡、村三级农产品质量安全监管员进行数据采集和地图标注，利用大数据绘制了国内首张"放心地图"，形成了电子档案、纸质档案和电子地图"三位一体"的监管数据网络，为今后网格化质量管理奠定了基础。"放心韭菜"地图里面包含了：地块名称、地块面积、种植模式（露天、小拱棚模、大棚）、预计上市时间、主要流向（批发市场、零售市场）等，同时可以精确定位，结合卫星图像详细了解该地。韭菜"放心地图"不仅方便查找某一块韭菜种植地，同时也很方便从全省角度整体宏观把握韭菜生产种植情况。通过全省韭菜地块分布密度图和全省韭菜地块分布图，可以清晰地看到不同颜色代表每个县种植韭菜的面积多少（颜色越深种植面积越大）以及全省韭菜地块分布图，并用小球标志的大小代表该地地块的数量（球越大表示地块越多）；全省韭菜地块分布分级图，从宏观角度把握全省韭菜地块分布情况，例如：小于等于 0.5 亩的地块在全省内部情况；全省韭菜流向图可以看清全省韭菜批发和零售流向。"放心韭菜"地图系统建立便于操作，仅需登录该网站输入账号密码，便可实现选择区域定位、韭菜数据采集、数据编辑修改以及数据空间位置等功能。

第七章　2020年度中国芥菜产业发展形势

一、我国芥菜产业发展概况

（一）芥菜种植空间布局

2020年，我国芥菜种植面积1400万亩，约占全国蔬菜总面积的3.4%；芥菜总产量4800万吨，占全国蔬菜总产量的4.7%。其中，重庆、四川、云南、贵州、浙江、福建、安徽、江苏、湖南、湖北、江西、广东、广西13个省份芥菜种植最为集中，分布也最为广泛，不仅种类多、面积大，而且具有规模化的生产基地30个左右，累计面积约1200万亩以上，占全国芥菜种植总面积的87%；其他省份地区200万亩左右，种植较为分散，规模集中度不高。

在全国31个省份中，芥菜种植面积超过100万亩的省市有重庆、四川和浙江，其芥菜种植面积总计550万亩，占全国种植总面积的40%；种植面积排名前五的省份为重庆、四川、浙江、湖南和湖北，分别占全国芥菜种植总面积的22.7%、11.6%、9.8%、6.0%和6.1%。就单产水平而言，浙江、内蒙古、黑龙江、重庆、湖南最高，均超过3000千克/亩。2020年各省份芥菜种植面积与产量如表7-1所示。

表7-1　2020年各省份芥菜种植面积与产量统计　　单位：万亩，万吨，%

地区	省份	面积	比例	产量	比例
西南地区	重庆、四川、云南、贵州	510	36.43	1800	37.50
华东地区	浙江、福建、安徽、江苏、上海	300	21.43	1100	22.92
中南地区	湖南、湖北、江西	190	13.57	600	12.50
华南地区	广东、广西、海南	160	11.43	550	11.46
华北地区	内蒙古、山东、山西、河南、河北	120	8.57	350	7.29
东北地区	黑龙江、吉林、辽宁	70	5.00	250	5.21
西北地区	陕西、甘肃、宁夏、新疆、青海、西藏	50	3.57	150	3.13
总计		1400	100.00	4800	100.00

资料来源：根据国家大宗蔬菜体系与特色蔬菜体系调研汇总数据。

（二）芥菜产业发展现状

1. 在四川盆地，芥菜的特色优势农业产业地位日益突出

2019 年，在全国芥菜综合产值 1500 亿元中，仅重庆、四川两省芥菜加工业产值就有 155 亿元，占全国芥菜总产值的 10% 以上。2020 年重庆芥菜种植面积 259 万亩，其中，茎瘤芥 170 万亩，占全国芥菜种植总面积的 52%，青菜头产量达 310 万吨以上，榨菜全产业链综合产值达 135 亿元左右，有榨菜加工企业近 142 家，年实现加工业产值 98 亿元。四川芥菜常年种植面积 120 万亩左右，其中用于加工制作泡（酸）菜的芥菜常年种植面积都在 50 万亩以上，年产量 300 万吨，产值 4 亿元以上，加工后产值可达 40 亿元以上。2020 年，整个四川盆地芥菜种植面积总计约 380 万亩（其中，四川 145 万亩，基本稳定；重庆 259 万亩，比上一年增长了 30% 以上），占全国芥菜种植总面积的 33%，年产芥菜 1300 万吨（其中，四川 400 万吨左右，重庆 900 万吨左右），占全国芥菜总产量的 28%。成为当地名副其实的农业支柱产业，区域特色农业支柱产业地位日益突出。

2. 在长江中下游地区，芥菜现代化产业发展格局已然形成

长江中下游已经形成了生产、加工、运输、营销链条齐全的产业化体系，芥菜产业基地化、集约化、规模化、现代化格局基本形成，促进了物流市场、小集镇建设、餐饮服务、印刷包装、电子商务等一二三产业融合发展。其中，最有代表性的是浙江余姚和湖南华容。

近两年，浙江芥菜种植面积基本稳定在 110 万亩左右，年产量约 270 万吨，分别占全国芥菜生产总量的 9.2% 和 6.8%。浙江芥菜生产主要集中在余姚、铜乡 2 个地区，2019 年两地芥菜种植面积总计约 68.94 万亩，总产量 171.62 万吨，分别占全省总量的 63% 和 64%。浙江芥菜种植品种以榨菜和大叶芥、分蘖芥等为主，比较著名的加工品有余姚榨菜、余姚梅干菜和萧山梅干菜，其中影响力最大的当属余姚榨菜。

湖南芥菜种植面积稳定在 70 万亩左右，其中华容县最为集中，种植面积占全省总面积的 33% 以上。2019 年产量突破 120 万吨，成为全国最大的芥菜集中生产区，围绕延链、补链、扩链，投资 10.8 亿元规划新建占地 1000 亩的芥菜产业园和占地 80 亩的腌渍区，发展"农业 + 产业园区""农业 + 科技园区"新业态，建设集加工、仓储、交易、物流、展览于一体的百亿芥菜产业园。

3. 形成了具有地方特色的芥菜区域品牌，经济地位十分突出

据初步统计，目前全国直接从事芥菜种植的农民约有 1300 万人以上，常年从事芥菜类蔬菜产品初生产、精深加工生产等的工人及各级各类管理技术人员累计达 100 万人以上；集中种植规模在 15.0 亩以上的经营主体约有 25 万个，集中种植规模在 20.0 亩以上的经营主体约有 10 万个。全国芥菜类蔬菜年收获达 5000 万吨以上，年加工产品 2000 万吨左右，累计产值达 600 亿元以上，稳定出口达 20 万吨以上，创汇 2 亿美元左右。芥菜的经济地位十分突出，是名副其实的扶贫富民产业。

4. 芥菜加工企业建在原料生产当地，且产品同质化现象明显

由于芥菜产业链较短，运输成本和原材料保质期的限制使芥菜加工企业大多建在原料生产当地，且受到各地饮食习惯以及历史等原因影响，种植、加工、服务各有不同，导致单个企业或品牌的市场带有明显的区域特征。但是，由于芥菜行业本身准入门槛较低，芥菜产业存在很强的同质性。不同品牌芥菜加工企业产品统计详情如表 7-2 所示。

表 7-2 不同品牌芥菜加工企业产品统计情况

品牌	生产企业	产品名称	主要配料	包装	规格（克）	售价（元）	单价（元/100 克）
乌江（重庆市涪陵区）	重庆市涪陵榨菜集团股份有限公司	清淡榨菜	榨菜	袋	80	2.1	2.625
		微辣榨菜	榨菜	袋	80	2.1	2.625
		红油榨菜	榨菜	袋	80	2.1	2.625
		古坛榨菜	榨菜	袋	80	2.1	2.625
		鲜榨菜片	榨菜	袋	80	2.1	2.625
		鲜脆菜心	榨菜	袋	80	2.5	3.125
		脆口榨菜	榨菜	袋	150	3.6	2.400
		开味下饭菜（四川惠通）	榨菜、萝卜	瓶	300	12.6	4.200
		美味萝卜	萝卜	袋	60	1.8	3.00
		脆口萝卜	萝卜	袋	150	4.8	3.20
		凉拌海丝	海带丝	袋	70	2.8	4.00
		榨菜	榨菜	袋	80	2.3	2.875
铜钱桥（低盐）	宁波铜钱桥食品菜业有限公司	榨菜	榨菜	袋	80	1.6	2.000
		脆菜心	榨菜	袋	80	1.5	1.875
		儿童榨菜丝	榨菜	袋	80	1.6	2.000
		学生榨菜（五联，绿色）	榨菜	袋	6	1.5	2.500
		口口脆榨菜（绿色）	榨菜	袋	80	1.9	2.375
		下饭菜	榨菜、萝卜	瓶	458	16.9	3.690
		老坛酸菜鱼调料	青菜	袋	338	7.9	2.337
		麻辣海带丝（未添加）	海带丝	袋	53	1.5	2.830
				袋	168	4.5	2.680
		儿童菜心（绿色食品）	榨菜	袋	150	3.9	2.600
		李记鱼酸菜	青菜	袋	250	3.5	1.400
				袋	350	11.9	3.400
		麻辣三丝	榨菜、萝卜、海带丝	袋	168	4.5	2.680
		黄花什锦	黄花菜	袋	168	4.5	2.680
		炒泡菜	青菜	袋	80	2.3	2.880
		五香嘴脆豆角	榨菜、豆角	袋	150	4.9	3.270

续表

品牌	生产企业	产品名称	主要配料	包装	规格 （克）	售价 （元）	单价 （元/100 克）
川南	四川省川南酿造有限公司	红油榨菜	榨菜	袋	120	3.8	3.170
		学生榨菜	榨菜	袋	62	2.0	3.230
		口口脆榨菜	榨菜	袋	62	2.0	3.230
		麻辣萝卜干	萝卜	袋	62	2.0	3.230
		老坛酸菜鱼	青菜	袋	300	8.0	2.670
		酸菜鱼佐料	青菜	袋	300	7.5	2.500
		爽口下饭菜	榨菜、萝卜	瓶	330	13.8	4.180
		爆炒笋片	笋	袋	60	3.0	5.000
		爆炒野蕨菜	蕨菜、大叶芥	瓶	280	13.8	4.930
		爆炒野竹笋	竹笋、大叶芥	瓶	280	13.8	4.930
		爆炒野香菌	香菌、大叶芥	瓶	280	13.8	4.930
		爆炒金针菇	金针菇、大叶芥	瓶	280	14.8	5.290
六必居	北京二商集团	榨菜	榨菜	袋	70	1.9	2.710
		甜辣黄瓜	黄瓜	袋	80	2.9	3.630
潮盛	广东潮盛食品实业有限公司	橄榄菜	芥菜叶	瓶	220	7.3	3.320
					450	12.6	2.800
槐茂	河北保定槐茂有限公司	酱园小菜	大头菜、萝卜、黄瓜、花生豆	袋	80	2.5	3.130
		酱香萝卜条	萝卜	袋	80	2.5	3.130
		酱香果仁	花生豆	袋	80	3.0	3.750

资料来源：根据国家大宗蔬菜体系与特色蔬菜体系调研汇总数据。

二、芥菜种植成本收益分析

（一）全国芥菜种植成本收益分析

2020 年芥菜每亩产量、每千克产品平均出售价格均远远超过其他年份，受此影响，每亩产值高达 1962.00 元，略高于 2019 年，与 2016 年相比降低了 47.34%。加之生产成本较小，每亩现金收益和成本收益率分别为 180 元和 10.21%。整体而言，2017～2020 年单位产品出售价格稳定在 0.59～0.65 元/千克。与前两年相比，2020 年每亩产量相对 2019 年大幅增长 13.13%，在价格偏低的情况下，产值仍然增长了 0.5%，如表 7 - 3 所示。

表7-3 2016~2020年全国芥菜种植成本收益情况

调查内容 \ 年份	2016	2017	2018	2019	2020
每亩产量（千克）	4915.00	2895.00	2844.00	3390.00	3835.00
每亩产值（元）	3726.00	1715.00	1862.00	1951.00	1962.00
每亩生产成本（元）	1221.00	1215.00	1573.00	1781.00	1763.00
每亩物质与服务成本（元）	481.00	239.00	388.00	533.00	539.00
每亩人工成本（元）	518.00	639.00	550.00	703.00	715.00
每亩土地成本（元）	221.00	337.00	635.00	544.00	520.00
每亩现金收益（元）	2506.00	500.00	289.00	170.00	180.00
每亩成本收益率（%）	205.23	41.18	18.37	9.55	10.21
每千克产品平均出售价格（元）	0.76	0.59	0.65	0.58	0.51
每千克产品平均成本（元）	0.25	0.42	0.55	0.53	0.46
每千克产品平均净利润（元）	0.51	0.17	0.10	0.05	0.05

资料来源：国家特色蔬菜产业技术体系产业经济岗及各基地调研整理。

但是需要注意的是，2018年、2019年生产成本有明显增长态势，同比上一年分别增长29%与13%，其中人工成本、物质与服务成本增长明显，2020年生产成本出现降低态势。2019年和2020年人工成本突破700元/亩达到历史之最，比2018年分别增长了28%和12.08%。物质与服务成本逐年上升，2018年、2019年同比上一年分别增长62%、37%，3年间涨幅超过1倍以上，同时在生产成本中所占比重也逐年上升，2018年、2019年和2020年占比分别为25%、30%和31%，平均每年增长5个百分点。对每亩物质与服务费用进行分解发现，除种子种苗费以外，其余各项指标均有不同程度增长。肥料费、农药费、排灌费4年间分别上升1.9倍、19倍和43倍，如表7-4所示。

表7-4 2017~2020年全国芥菜种植物质与服务成本   单位：元

年份	物质与服务成本	种子种苗费	肥料费	农药费	机械作业费	排灌费	保险费	技术服务费	其他直接费用
2017	239	24.36	97.10	2.15	107.33	0.55	4.99	0.14	1.33
2018	388	22.36	215.88	13.86	90.80	11.99	5.42	0.00	15.97
2019	533	18.29	269.25	38.62	92.15	23.08	16.96	5.21	53.83
2020	586	17.22	184.49	40.85	95.34	23.65	18.63	56.86	59.37

资料来源：国家特色蔬菜产业技术体系产业经济岗及各基地调研整理。

（二）分省份芥菜种植成本收益分析

本部分样本125份分布情况如表7-5所示。

表7-5 2020 年分省份芥菜种植成本收益情况

省份	总计	东北片区	华北片区		中南片区			西南片区		华东片区	
		黑龙江	内蒙古	河北	湖北	湖南	江西	重庆	四川	浙江	福建
份数（份）	125	6	7	5	24	11	4	49	10	7	2

对 2020 年各主产省份芥菜种植情况进行整理发现，芥菜种植收益情况区域差异显著。内蒙古、黑龙江和河北芥菜种植均以根芥为主，但是种植效益存在明显差异。黑龙江亩产量较高可达 4100 千克，产品价格 1.29 元/千克，约为内蒙古和河北的 2.4 倍，在高产量、高价格的影响下，黑龙江亩均产值最高为 5300 元，即使在高生产成本下，每亩收益依然能达 2860 元，种植效益非常显著。内蒙古亩均产值在三省中最高为 2356 元，每亩种植收益仅有 799 元，远远低于黑龙江。河北亩均产量最低只有 1124.60 千克，远远低于其他两个省份 4000 千克以上的平均水平，受此影响产值较低，如表 7-6 所示。

表7-6 2020 年分省份芥菜种植成本收益情况

调查内容	东北片区	华北片区		中南片区			西南片区		华东片区	
	黑龙江	内蒙古	河北	湖北	湖南	江西	重庆	四川	浙江	福建
每亩产量（千克）	4100.00	4336.50	1124.60	28013.50	3864.00	2100.00	3026.00	2935.00	5891.00	2050.00
每亩产值（元）	5300.00	2356.00	594.30	1863.20	2236.10	4100.30	1634.00	1563.00	3429.00	5319.00
每亩生产成本（元）	2693.00	1634.50	1634.00	1831.00	1763.90	1702.30	989.40	1855.00	1732.40	1834.00
物质与服务成本（元）	1632.00	830.00	426.00	869.00	513.40	436.10	296.50	332.60	716.30	1536.70
每亩人工成本（元）	980.00	506.90	263.00	596.10	834.20	810.00	446.80	623.80	1380.00	1690.00
每亩土地成本（元）	360.00	243.60	850.00	436.20	398.30	430.00	286.30	950.00	600.00	560.00
每亩现金收益（元）	2860.00	799.00	-910.00	-230.00	456.00	2394.00	550.00	-210.00	764.00	1500.00
每亩成本收益率（%）	1.06	0.49	-0.56	-0.13	0.26	1.41	0.56	-0.11	0.44	0.82
每千克产品平均出售价格（元）	1.29	0.54	0.53	0.07	0.58	1.95	0.54	0.53	0.58	2.59
每千克产品平均成本（元）	0.66	0.38	1.45	0.07	0.46	0.81	0.33	0.63	0.29	0.89
每千克产品平均净利润（元）	0.70	0.18	-0.81	-0.01	0.12	1.14	0.18	-0.07	0.13	0.73

资料来源：国家特色蔬菜产业技术体系产业经济岗及各基地调研整理。

（三）分品种芥菜种植成本收益分析

本部分样本共计 126 份，2020 年分品种芥菜种植情况如表 7-7 所示。

表 7 - 7　2020 年分品种芥菜种植情况

调查内容	根芥	叶芥			茎芥			
		大叶芥	分蘖芥	合计	榨菜	棒菜	儿菜	合计
每亩产量（千克）	27	17	15	32	58	7	2	67

资料来源：国家特色蔬菜产业技术体系产业经济岗及各基地调研整理。

　　对 2020 年全国根芥、叶芥、茎芥种植情况进行整理分析发现，不同芥菜品种种植成本收益差异明显。叶芥每亩产量与生产成本均最高，根芥其次，茎芥最低，然而价格正好相反，茎芥单位产品价格最贵，根芥其次，叶芥最便宜。综合影响之下，叶芥每亩产值最高，其次为根芥，茎芥最低。

　　进一步划分具体品种，叶芥的亩均产量在 4000～4500 千克，其次为根芥和榨菜在 2500～3500 千克，而棒菜、儿菜亩均产量在 1500～2000 千克，大约为叶芥的一半。但是同时，根芥、大叶芥、分蘖芥和榨菜的每千克价格均在 0.6 元上下波动，而棒菜、儿菜能达到 2 元/千克以上，如表 7 - 8 所示。

表 7 - 8　2020 年分品种芥菜种植成本收益情况

调查内容	根芥	叶芥		茎芥		
		大叶芥	分蘖芥	榨菜	棒菜	儿菜
每亩产量（千克）	3500.00	4000.00	4631.20	2600.00	2400.00	1800.00
每亩产值（元）	2063.00	2150.00	3000.00	1800.00	4700.00	3500.00
每亩生产成本（元）	1850.00	1900.00	2100.00	1569.00	2984.00	950.00
物质与服务成本（元）	871.50	590.00	492.00	350.00	1100.00	200.00
每亩人工成本（元）	560.00	850.00	1200.00	605.50	1250.00	380.00
每亩土地成本（元）	395.00	563.50	436.10	629.50	473.80	362.40
每亩现金收益（元）	380.50	216.80	950.80	163.40	193.80	2680.30
每亩成本收益率（%）	0.21	0.11	0.45	0.10	0.06	2.82
每千克产品平均出售价格（元）	0.59	0.54	0.65	0.69	1.96	1.94
每千克产品平均成本（元）	0.53	0.48	0.45	0.60	1.24	0.53
每千克产品平均净利润（元）	0.11	0.05	0.21	0.06	0.08	1.49

资料来源：国家特色蔬菜产业技术体系产业经济岗及各基地调研整理。

　　需要注意的是，表 7 - 8 中分蘖芥价格为鲜销、初加工综合计算结果。2020 年叶芥价格普遍较低，分蘖芥、大叶芥在重庆、四川和湖北十堰一带鲜销每千克售价在 0.35～0.4 元，而在湖南华容县、湖北武汉等地，受加工产业影响，每千克售价可达 0.6～0.8 元。综合计算，全国分蘖芥鲜销每千克平均售价 0.57 元，亩均产量 5100 千克，亩均产值近 3000元。然而，在湖北武汉、浙江缙云一带农户种植分蘖芥一般都经过初加工之后进行销售，初加工可以显著提高农户的种植收益。

（四）分经营主体芥菜种植成本收益分析

按经营主体类型不同，2020 年调查问卷分布情况如表 7 - 9 所示。在以下计算过程中，由于龙头企业、家庭农场样本较少，计算结果可能会有偏误。

表 7 - 9   2020 年分经营主体芥菜种植成本收益情况

主体类型	农户	家庭农场	种植大户	合作社	龙头企业	其他	合计
数量（份）	65	6	32	20	6	3	132

资料来源：国家特色蔬菜产业技术体系产业经济岗及各基地调研整理。

对 2020 年芥菜种植收益情况分主体进行分析得出，不同农业经营主体间成本收益差异明显。从产出角度考虑，种植大户亩产量最高 4568.70 千克，农户、合作社与龙头企业产量差异不大均在 3200 ~ 3700 千克波动，家庭农场亩均产量最小 2500 千克左右，明显低于其他类型经营主体。从投入角度考虑，在不考虑其他主体类型情况下，龙头企业亩均投入最多 2013.40 元，农户投入最少 1496.50 元，家庭农场、种植大户和合作社亩均生产成本差异不大在 1800 元左右。综合影响之下，农户种植收益最高平均每亩 765.40 元，其次是龙头企业 618 元，种植大户 531.40 元，家庭农场和合作社收益均为负值，如表 7 - 10 所示。

表 7 - 10   2020 年分经营主体芥菜种植成本收益情况

调查内容	农户	家庭农场	种植大户	合作社	龙头企业	其他
每亩产量（千克）	3569.50	2563.70	4568.70	3768.40	3356.40	4015.30
每亩产值（元）	2215.60	1786.40	2349.10	1763.40	2689.40	1684.10
每亩生产成本（元）	1496.50	1783.40	1769.50	1779.40	2013.40	899.40
物质与服务成本（元）	735.60	361.00	483.10	631.20	682.10	310.00
每亩人工成本（元）	351.20	646.80	836.40	633.20	905.40	420.00
每亩土地成本（元）	365.80	836.40	500.00	593.40	463.70	226.40
每亩现金收益（元）	765.40	-68.40	531.40	-146.20	618.00	700.00
每亩成本收益率（%）	0.51	-0.04	0.30	-0.08	0.31	0.78
每千克产品平均出售价格（元）	0.62	0.70	0.51	0.47	0.80	0.42
每千克产品平均成本（元）	0.42	0.70	0.39	0.47	0.60	0.22
每千克产品平均净利润（元）	0.21	-0.03	0.12	-0.04	0.18	0.17

注：在以上指标计算中对人工成本进行了调整，凡是没有雇工现象的人工成本全部以 0 元计，其余不变。

资料来源：国家特色蔬菜产业技术体系产业经济岗及各基地调研整理。

综上所述，从全国芥菜种植情况来看，相对于其他蔬菜，芥菜的平均产量较高大多在每亩 3000 千克以上，因此即使是在平均售价较低的情况下，仍能达到每亩 1500 ~ 3000 元的产值。但是由于近年来生产成本上涨，尤其是物质与服务费用、人工成本不断攀升，严重影响了芥菜的种植收益。对物质与服务费用进行分解发现，肥料费、农药费与排灌费增长趋势明显。分省份、分品种进行成本收益分析得出，受产业发达程度影响全国不同产区价格差异较大，福建棒菜、黑龙江根芥平均亩种植收益最高，浙江、湖北的分蘖芥一般经初加工后销售，每亩种植收益可达5800元和1900元。

三、芥菜产业存在的主要问题

（一）芥菜品种资源的创新利用不够

芥菜资源种类丰富，但是总体上发掘和开发利用不够。现有芥菜品种及综合品质难以满足生产发展的需要，目前我国芥菜生产上主要使用地方常规品种，品种单一或"多杂乱"现象较为突出。缺乏优质高产适合鲜食和产品加工的专用优良品种（适合腌渍加工的品种常因味"苦"而难做鲜食，而适合鲜食的品种不一定适合腌渍加工），给芥菜产业向多元化发展带来了品种障碍。现有芥菜品种抗病性、抗逆性较差，特别是抗病毒病、根肿病、霜霉病的品种奇缺，造成芥菜生产基地的产品经常减产或绝收，商品质量也大幅度降低；此外，生产上缺少耐抽薹品种，常发生未熟抽薹和腋芽抽生等现象，造成芥菜产量大幅度下降；北方或高海拔地区的越冬栽培芥菜经常遇到冷害发生，缺少耐冷害的芥菜新品种。

（二）劳动力短缺

芥菜产业是劳动密集型产业，种植、采收环节需要大量人力，目前即使是大型芥菜加工企业，机械化程度也不高，在腌渍、清洗过程中仍需要人力操作，成品包装环节仍需要人工来装箱，在面临人口老龄化、人口红利消失的情况下，人力成本不断上升。未来需要加大农业机械化程度作业和榨菜产业的集成化发展，受人口老龄化、农村劳动力大量向城市转移等因素影响，"谁来种地"的现实问题波及到榨菜产业的发展，劳动力缺乏使部分土地闲置，突出表现之一就是近几年来我国东部沿海地区榨菜的种植面积逐渐萎缩。此外，"用工难"问题造成生产成本逐年提高，种植、加工专业人才缺乏且后继无人，进而影响产业进一步发展壮大。

（三）全国芥菜产业数据收集难

芥菜种植分散，产品众多，加之国内对芥菜产业发展关注度不够，仅有研究一般也只局限于传统优势产区产业发展情况，因此有关全国芥菜产业发展情况的翔实数据收集都比较困难。对芥菜种植主要区域、品种、播种面积、产量、产值、生产效益及加工产品主要区域、种类、主要代表企业、主要品牌与产值、市场占有率、生产效益等数据，都需要进行详细调查和收集；此外，除了国内鲜食芥菜和传统的加工市场外，目前芥菜出口数量（出口到日本、韩国、新加坡、欧洲等）只能从各地龙头企业得到不完整数据，全国出口数据收集比较困难。

四、促进芥菜产业竞争力提升的建议

（一）开展芥菜精深加工科技创新，提高产业发展水平

根据芥菜种植、收获、加工的需要，在保持传统风味的基础上，瞄准市场变化的新需求，大力推进芥菜精深加工技术创新，研发新技术、新产品、新工艺。为了满足不同消费者需求，扩大国内外市场，芥菜生产企业应结合传统工艺，依靠科技进步，不断开发芥菜新产品，注重开发无公害、绿色、有机食品，进一步控制芥菜加工品的含盐量，研制新型低盐、无盐产品，不断提高产品科技含量和附加值。根据不同人群需要，将芥菜与其他原料（如芝麻）搭配加工，生产含不同营养成分的芥菜，解决芥菜产品部分营养元素缺乏的问题。要开展深度加工、精深加工，努力探索芥菜加工副产物综合利用，提高芥菜产业精深加工转化率，大力推进榨菜酱油等产品生产，真正把原料芥菜变为产品芥菜，把产品芥菜变为产业芥菜。

（二）提高芥菜产业化发展水平，实现产业转型升级

以行业需求为导向，以实现效益为目标，提高芥菜产业化发展水平，促进传统芥菜生产向现代芥菜生产发展转变，实现芥菜产业转型升级，由追求规模数量生产向品质质量生产转变。拓宽芥菜产品的内涵，不断开发新品种，满足消费者多样化的消费需求，满足不同生活地域、不同消费习惯、不同年龄人群、不同餐饮场所的消费需求；拓宽芥菜产业的内涵，重新确定芥菜种植的价值内涵，既提供芥菜食品，又提供芥菜的生态产品、文化产品、养生产品、旅游产品等，每个产品都可以打造成一个产业；拓展销售服务的内涵，围绕芥菜产品、产业建立健全社会化服务业，把服务业做到企业、商店、学校、超市等，要拓宽芥菜产品售后服务领域、服务地域、服务层次，提高服务效益和效率，形成现代化的社会化服务体系，建设现代化芥菜产业集群。

（三）打造母子品牌方式，构建产业区域品牌集群

区域品牌和企业品牌共同构成了地区产业竞争力的重要标志。芥菜产品已经具有区域性品牌，如重庆"涪陵榨菜"、湖南华容"老坛酸菜"、浙江余姚"备得福榨菜"、斜桥"铜钱桥榨菜"等产品已成为国家名牌产品和驰名商标，这是优势和特色。但是由于单个企业的力量有限，难以在品牌推广中成为主体，政府必须把区域集体品牌建设当作一个重要公共工程，以众多强势企业品牌为基础构筑起一个强势的区域品牌，促使整个产业良性化发展。区域品牌作为主品牌代表原产地形象，企业品牌为子品牌体现子区域个性，两者结合既能体现公共区域品牌的整体性和号召力，又能体现各个企业自身产品的内涵和定位差异。

第八章 2020 年度中国水生蔬菜产业发展形势

一、国内外产业形势

（一）国外产业形势

1. 芋头

据联合国粮农组织数据库统计，2017 年世界芋头种植面积下降，种植面积 1631.18 千公顷，总产量 1052.91 万吨，但产量较上年增长 3.28%。2018 年全球芋头种植面积为 1660.2 千公顷，总产量为 1063.9 万吨，产量较上年增长 1.04%。2017 年和 2018 年产量前五位国家不变，分别是尼日利亚、中国、喀麦隆、加纳、巴布亚新几内亚。2017 年尼日利亚总产量 325.09 万吨、占比 31.80%，中国 190.83 万吨、占比 18.67%，喀麦隆 184.71 万吨、占比 18.25%。2018 年尼日利亚总产量 330.31 万吨、占比 17.86%，中国 195.28 万吨、占比 10.56%，喀麦隆 191.96 万吨、占比 10.33%。世界芋头生产集中度下降。

据联合国贸易数据库统计，2018 年世界鲜、冷、冻、干的芋头出口总额 1.20 亿美元，出口量 10.73 万吨。2019 年出口额为 1.37 亿美元，同比增长 14.17%；出口量为 11.97 万吨，同比增长 11.56%。2018 年中国鲜、冷、冻、干的芋头出口量 6.91 万吨，同比增长 2.43%，市场占有率为 62.35%，世界排名第一。2019 年中国鲜、冷、冻、干的芋头出口量 7.27 万吨，同比增长 5.18%，市场占有率为 57.29%，市场占有率下降 5 个百分点，世界排名第一，如表 8 - 1 所示。

表 8 - 1　2018 ~ 2020 年中国芋头出口规模　　单位：万吨，亿美元，%

年份	出口量	同比增长	出口额	同比增长
2018	6.91	2.43	0.75	2.02
2019	7.27	5.18	0.78	4.00
2020 年 1 ~ 10 月	5.29	-5.85	0.60	-1.19

资料来源：中国海关统计数据在线查询平台。

据海关统计数据平台统计，2018 年中国鲜、冷、冻、干的芋头出口量为 6.91 万吨，同比增长 2.43%；出口额为 0.75 亿美元，同比增长 2.02%；出口均价为 1088.03 美元/吨，同比下降 0.40%。2019 年中国鲜、冷、冻、干芋头出口量为 7.27 万吨，同比增长 5.18%；出口额为 0.78 亿美元，同比增长 4%。2019 年中国芋头出口上升趋势明显。2020 年 1~10 月中国鲜、冷、冻、干的芋头出口量为 5.29 万吨，同比下降 5.85%；出口额为 0.60 亿美元，同比下降 1.19%。

2020 年 1~10 月，中国芋头出口总额最大的是山东，出口额为 4956.67 万美元，占全国总额的 82.35%；其次为云南 408.71 万美元；第三为广西 247.69 万美元，如表 8-2 所示。

表 8-2　2020 年 1~10 月中国芋头出口省份　　单位：万吨，万美元，%

省份	出口量	出口量占比	出口额	出口额占比
山东	4.06	76.69	4956.67	82.35
云南	0.61	11.43	408.71	6.79
广西	0.18	3.48	247.69	4.12
广东	0.22	4.10	137.03	2.28
湖南	0.09	1.66	113.61	1.89
浙江	0.03	0.59	50.56	0.84
福建	0.04	0.68	31.35	0.52
江苏	0.03	0.60	31.29	0.52
安徽	0.01	0.15	17.42	0.29
内蒙古	0.02	0.31	8.55	0.14

资料来源：中国海关统计数据在线查询平台。

我国芋头出口呈增长态势，但 2020 年遭遇疫情有小幅下降。主要出口目的地为日本、越南、阿联酋、沙特阿拉伯、美国、马来西亚等国家和地区，出口主要产品为冷藏鲜食芋头、芋头片、芋头条、芋头粉、芋头罐头等。日本是我国芋头出口第一大国，2020 年 1~10 月，中国芋头对日本出口量为 2.52 万吨，占中国芋头总出口量的 47.66%；中国对日本出口额为 4087.38 万美元，占中国芋头总出口额的 67.91%。中国芋头出口集中度较高，如表 8-3 所示。

表 8-3　2020 年 1~10 月中国芋头出口目的地

单位：万吨，万美元，%

出口目的地	出口量	出口量占比	出口额	出口额占比
日本	2.52	47.66	4087.38	67.91
越南	0.72	13.67	568.88	9.45
沙特阿拉伯	0.50	9.45	309.09	5.14

续表

出口目的地	出口量	出口量占比	出口额	出口额占比
阿联酋	0.57	10.80	294.29	4.89
马来西亚	0.21	3.90	156.61	2.60
美国	0.27	5.12	156.39	2.60
加拿大	0.07	1.40	69.30	1.15
荷兰	0.05	0.85	47.46	0.79
卡塔尔	0.06	1.09	42.20	0.70
阿曼	0.05	0.92	28.26	0.47

资料来源：中国海关统计数据在线查询平台。

2. 莲藕和荸荠

据联合国贸易数据库统计，2017 年世界鲜、冷、冻、干莲藕及荸荠出口总额为 11293 万美元，同比下降 0.88%。主要出口国是中国、墨西哥和泰国。中国莲藕、荸荠出口量位居全球第一位。2018 年全球莲藕及荸荠出口总量为 8.51 万吨，出口总额为 10439.05 万美元。2019 年全球莲藕及荸荠出口总量为 7.89 万吨，同比下降 7.29%；出口总额为 10206.65 万美元，同比下降 2.23%。

据海关统计数据平台统计，2018 年中国鲜、冷、冻、干的莲藕出口量为 3.11 万吨，同比增长 2.13%；出口额为 3478.52 万美元，同比增长 7.87%；出口均价为 1116.83 美元/吨，同比增长 5.86%。2019 年中国鲜冷藏莲藕出口量为 2.86 万吨，同比下降 7.74%；出口额为 3361.91 万美元，同比下降 3.35%；出口均价为 1171.63 美元/吨，同比增长 4.91%。2019 年中国莲藕供给量减少，市场价格上升，出口量、出口额下降。2020 年 1～10 月中国鲜、冷、冻、干的莲藕出口量为 2.12 万吨，同比下降 5.46%，出口额为 2748.16 万美元，同比增长 5.94%。受疫情影响，莲藕出口量下降，但出口额增长，如表 8-4 所示。

表 8-4　2018～2020 年中国莲藕出口规模　　单位：万吨，万美元，%

年份	出口量	同比增长	出口额	同比增长
2018	3.11	2.13	3478.52	7.87
2019	2.86	-7.74	3361.91	-3.35
2020 年 1～10 月	2.12	-5.46	2748.16	5.94

资料来源：中国海关统计数据在线查询平台。

2020 年 1～10 月，中国鲜、冷、冻、干的莲藕出口总额最大的是广东，出口额 667.28 万美元，占全国总额的 24.28%；其次是湖南 438.02 万美元；第三为浙江 373.35 万美元。

我国莲藕出口量略有下降，主要出口目的地为日本、马来西亚、美国、新加坡、越南等国家和地区，出口主要产品为冷藏鲜食莲藕、藕粉、藕片、藕汁、水煮莲藕、腌渍莲藕、莲藕汤、油炸莲藕等。日本是中国莲藕的主要出口国，2020 年 1 ~ 10 月中国向日本出口莲藕 7602.53 万吨，占比 26.49%；出口额为 1136.96 万美元，占比 33.82%，如表 8 - 5 所示。

表 8 - 5 2020 年 1 ~ 10 月中国莲藕出口目的地　单位：万吨，万美元，%

出口目的地	出口量	出口量占比	出口额	出口额占比
日本	7602.53	26.49	1136.96	33.82
马来西亚	6091.12	21.23	595.08	17.70
美国	5179.59	18.05	502.76	14.95
新加坡	1975.34	6.88	293.27	8.72
越南	1253.17	4.37	151.01	4.49
加拿大	1258.70	4.39	130.74	3.89
泰国	1406.03	4.90	127.57	3.79
韩国	1127.30	3.93	110.62	3.29
荷兰	613.68	2.14	77.39	2.30
澳大利亚	353.60	1.23	58.53	1.74

资料来源：中国海关统计数据在线查询平台。

据海关统计数据平台统计，2018 年中国鲜、冷、冻、干的荸荠出口量为 0.63270 万吨，同比上升 23.68%；出口额为 811.81 万美元，同比上升 38.22%；出口均价为 1282.98 美元/吨，同比上升 5.49%。2019 年中国鲜冷藏荸荠出口量为 0.62205 万吨，同比下降 1.68%；出口额为 803.92 万美元，同比下降 0.97%。鲜荸荠出口基本稳定，2020 年 1 ~ 10 月中国鲜、冷、冻、干的荸荠出口量为 0.53550 万吨，同比减少 1.61%；出口额为 794.81 万美元，同比增长 10.12%，如表 8 - 6 所示。

表 8 - 6 2018 ~ 2020 年中国荸荠出口规模　单位：万吨，万美元，%

年份	出口量	同比增长	出口额	同比增长
2018	0.63270	23.68	811.81	38.22
2019	0.62205	- 1.68	803.92	- 0.97
2020 年 1 ~ 10 月	0.53550	- 1.61	794.81	10.12

资料来源：中国海关统计数据在线查询平台。

2020 年 1 ~ 10 月，中国鲜、冷、冻、干的荸荠出口总额最大的是广西，出口额 426.81 万美元，占全国总额的 53.70%；其次为湖南 155.05 万美元；第三为福建 87.00 万美元。近两年，我国鲜荸荠出口基本稳定，主要出口目的地为越南、马来西亚、新加坡、美国、日本等国家和地区，出口主要产品为冷藏鲜食荸荠、荸荠粉、清水荸荠罐头等。越南是我国荸荠出口量最大的出口国，2020年1~10月，我国向越南出口荸荠2106.74吨，占我国荸荠出口总量的39.34%；出口额为419.86万美元，占我国荸荠出口总额的52.83%，如表8-7所示。

表8-7　2020年1~10月中国荸荠出口目的地　　单位：吨，万美元，%

出口目的地	出口量	出口量占比	出口额	出口额占比
越南	2106.74	39.34	419.86	52.83
马来西亚	924.81	17.27	110.78	13.94
新加坡	729.96	13.63	104.33	13.13
美国	331.13	6.18	37.18	4.68
日本	55.66	1.04	12.52	1.58
加拿大	87.63	1.64	10.01	1.26
中国澳门	299.10	5.59	7.27	0.92
中国香港	29.45	0.55	5.72	0.72
荷兰	35.45	0.66	5.18	0.65

资料来源：中国海关统计数据在线查询平台。

（二）我国水生蔬菜产业形势

2006~2018年，我国水生蔬菜种植面积先增后降。2006~2012年缓慢增长，由373.2千公顷增长到393.4千公顷，涨幅5.41%，年增长1.06%。2012~2016年快速增长，2016年种植面积激增到918.1千公顷，比2012年增长524千公顷，涨幅133%。2016~2017年基本稳定，2018年种植面积下降明显，水生蔬菜种植面积867千公顷，较2017年下降53.3千公顷，降幅5.79%。2018~2020年我国水生蔬菜种植面积基本稳定，略有上升。

2006~2018年水生蔬菜产量、单产总体呈上升趋势。根据《中国农业年鉴》数据显示，2006~2012年水生蔬菜产量由1018.4万吨增长到1148.4万吨，单产由27288千克/公顷增长到29195千克/公顷。2015~2018年自然气候变化异常，部分地区水生蔬菜产量和单产波动较大。2018年多地受暴雨影响，加之莲藕价格持续低迷，农民管理积极性不高，水生蔬菜单产水平是近四年最低水平，如表8-8所示。

表8-8　中国水生蔬菜生产规模　单位：千公顷，万吨，千克/公顷

年份	面积	产量	单产
2006	373.2	1018.4	27288
2008	359.4	992.5	27617

续表

年份	面积	产量	单产
2009	362.8	1040.0	28666
2010	369.1	1077.1	29179
2011	386.6	1150.1	29748
2012	393.4	1148.4	29195
2016	918.1	3443.2	37504
2017	920.3	3498.1	38010
2018	867.0	3037.4	35034

资料来源：2006～2012 年数据来自《中国农业年鉴》；2016～2018 年数据根据国家特色蔬菜产业技术体系试验站、岗位专家产地调研估算。部分年份数据缺失。

2020 年水生蔬菜种植面积略有回升。根据国家特色蔬菜产业技术体系对示范基地种植户种植意愿的调查，水生蔬菜 70.42% 的种植者 2020 年将保持现有种植规模不变，23.75% 的种植者将扩大种植面积，仅有 5.83% 的种植者将缩小种植面积，如图 8-1 所示。

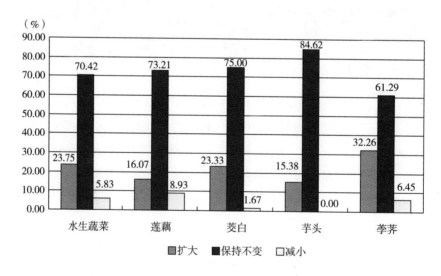

图 8-1　2020 年种植户种植意愿
资料来源：国家特色蔬菜产业技术体系示范县调查。

二、结构调整

（一）品种结构

水生蔬菜中规模最大的两个品种为莲藕和茭白。莲藕种植面积在水生蔬菜中所占比例逐年下降,产品多元化趋势明显。莲藕占水生蔬菜种植面积的百分比由 2006 年的 68.27% 下降为 2018 年的 54.43%。其他水生蔬菜种植规模缓慢增长。2018 年莲藕种植面积出现下降,主要原因是价格持续下跌,挫伤种植积极性。2018 年种植面积下滑后市场价格攀升,总产值创近年来最高,为 401.41 亿元。茭白种植面积呈缓慢上升趋势,单产水平稳步上升,年均增长 7.72%。2020 年荸荠、茭白的扩种意愿最强烈,32.26% 的荸荠种植者、23.33% 的茭白种植者、15.38% 的芋头种植者有扩大面积的意愿,2020 年荸荠、茭白、芋头种植面积将有所攀升。莲藕种植者中有 16.07% 有意愿扩大种植面积,8.93% 的种植者有意愿减少种植面积,2020 年莲藕种植面积较为稳定,如表 8 - 9 所示。

表 8 - 9 2016 ~ 2018 年莲藕、茭白产业基本情况

产品	年份	种植面积(千公顷)	总产量(万吨)	总产值(亿元)	单产(吨/公顷)	平均亩收益(元)
莲藕	2016	499.69	1086.56	344.58	21.74	4597.25
	2017	500.89	1058.32	309.56	21.13	4120.13
	2018	471.88	947.69	401.41	20.08	5671.07
茭白	2016	59.77	164.74	57.82	18.37	6449.27
	2017	57.70	178.43	64.59	20.62	7462.99
	2018	62.49	199.85	77.34	21.32	8251.61

资料来源:国家特色蔬菜产业技术体系调研估算。

(二) 经营主体结构

水生蔬菜经营主体以小农户为主,种植大户、家庭农场的数量不断增加。根据国家特色蔬菜产业技术体系对全国 130 个示范县经营主体数量的调查,2016 ~ 2019 年共抽样调查 680 个样本,其中农户占 41%,种植大户占 31%,家庭农场占 13%,合作社占 12%,企业占 3%。2018 年 130 个示范县经营水生蔬菜的家庭农场共计 1056 家,合作社 760 家,省级以上龙头企业 65 家,出口企业 13 家。2019 年 130 个示范县经营水生蔬菜的家庭农场共计 1181 家,增长 11.84%;合作社 387 个,减少 49.08%;省级以上龙头企业 54 家,减少 16.92%;出口企业 10 家,减少 223.08%。经营主体的经营规模有所增加,农户平均种植面积由 2018 年的 13.40 亩增长到 2019 年的 28.93 亩,种植大户平均种植面积由 2018 年的 101.40 亩增长到 2019 年的 132.48 亩。

(三) 区域结构

2006 ~ 2016 年,除四川、河南、云南外,其他省份水生蔬菜种植面积和产量均大幅度提高。2016 年我国水生蔬菜产量居全国前五位的省份是湖北、江苏、广西、湖南、安徽,种植面积居全国前五位的省份是湖北、江苏、山东、安徽、广西,面积与产量排名不同主要是品种差异造成的,如表 8 - 10 所示。

表 8 – 10　我国水生蔬菜主产省份生产情况　　　　单位：千公顷，万吨

地区	2006 年		2016 年	
	种植面积	总产量	种植面积	总产量
全国总计	373.2	1018.4	918.1	3443.2
湖北	61.4	181.3	133.3	425.4
江苏	43.6	123.4	100.1	257.83
山东	14.8	58.7	80.0	217.0
安徽	21.0	51.3	77.3	220.1
广西	24.0	51.4	66.5	225.3
湖南	20.9	53.2	64.56	220.7
江西	12.9	42.1	63.0	74.5
福建	10.3	23.0	57.4	202.4
浙江	36.9	87.1	53.5	122.2
重庆	9.3	20.7	44.0	128.0
四川	30.7	70.6	35.4	96.2
河南	33.9	123.0	23.3	98.3
云南	8.9	21.3	10.3	26.8

资料来源：2006 年数据来自《中国农业统计资料》；2016 年数据来自国家特色蔬菜产业体系产业经济岗调查整理。

2016 年，湖北与江苏两省的种植面积均超过 100 千公顷，种植面积前四的省份超过 70 千公顷，排名前七的省份种植面积均超过 60 千公顷。排名前两位、前四位和前七位主产省份种植面积分别占总面积的 25.42%、42.56% 和 63.69%。全国水生蔬菜生产布局有一定的区域特性，但集中度不是很高，呈扩散趋势。例如新疆已开始种植莲藕、茭白等水生蔬菜。

1. 芋头生产概况及主产区

芋头主要以珠江流域及台湾栽培最多，长江及淮河流域次之，华北地区栽培面积不大，主要分布在胶东半岛。福建、湖南、山东、江西、江苏、广西、浙江、重庆、安徽、四川是芋头的主产省份。根据 FAO 数据，2018 年中国芋头种植面积 99.786 千公顷，产量 195.28 万吨。

自 2016 年以来，福建芋头种植面积始终排名第一，2019 年福建芋头种植面积为 23.46 千公顷，2020 年呈增长态势。2020 年福建芋头种植面积 26.6 千公顷，产量 70 万吨。福建芋头以槟榔芋为主，长汀是槟榔芋种植大县，长汀县种植大户在县内及周边县市种植槟榔芋超 15 万亩，年产鲜芋 12 万吨，年产值超 10 亿元。

广西荔浦是荔浦芋特色产区。广西芋头种植面积基本稳定。2020 年广西芋头种植面积在 12 千公顷左右，产量 32.4 万吨，加工量 10 万吨，出口 3 万吨。荔浦市是广西乃至全国最著名的芋头生产地，2020 年荔浦市芋头种植面积 3.6 千公顷，产量 10.80 万吨，

其中加工用量4.2万吨,出口量1.26万吨。

2. 莲藕生产概况及主产区

2012~2020年,我国莲藕种植面积先升后降,近三年基本持平。2016年莲藕种植面积达到顶峰,全国栽培面积超过400千公顷,其中主产省份种植面积达37.4万公顷。2020年与2019年莲藕种植面积基本持平,在320千公顷左右,受自然灾害影响,总产量下降。

莲藕主产区从长江中下游地区的湖北、河南、江苏、四川、广西、湖南等省份,扩展到黄河流域及西部地区。2016年湖北省莲藕种植面积为80千公顷,居全国第一位。江苏62.6千公顷,居全国第二位。产量超过100万吨的省份有湖北、江苏、山东、安徽、广西、湖南。自2016年以来莲藕种植面积有所下降,2019年、2020年湖北省莲藕种植面积降为71千公顷左右。

3. 荸荠生产概况及主产区

2016年全国荸荠种植面积5万公顷,占世界总产量的99%。广西、安徽、湖北、江西、重庆、浙江、福建等主要省份种植面积达4.45万公顷,总产量128.16万吨。2016~2020年荸荠的种植面积和产量基本稳定。

广西是荸荠大省,素有"世界荸荠看中国,中国荸荠看广西"的说法。2016年种植面积20千公顷,约占全国的44.98%。广西也是荸荠产品的重要出口基地。2016~2020年广西荸荠种植面积保持稳定,2020年广西荸荠种植面积为20千公顷,产量75万吨,加工量20万吨,出口量10万吨,总产值270000万元。

目前,国内荸荠栽培已经形成了几个著名产区,如广西的桂林、贺州、荔浦,福建的福州、国侯,湖北的孝感、团风、沙洋,安徽的杨柳乡和宜舟等。

4. 茭白生产概况及主产区

茭白栽培地域广,从台湾到北京,从舟山群岛到四川盆地都有种植,但主要在长江以南地区。2016年全国茭白种植面积超过66千公顷,其中浙江、安徽、湖南、福建、江西、广西等主产省份达59.77千公顷,年经济效益30多亿元。2016~2020年茭白种植面积呈增长态势,生产集中度呈下降态势。

浙江是全国茭白种植面积最大的省份,2016年种植面积27千公顷,占全国总种植面积的45.17%。浙江茭白总产量111.38万吨,占全国总产量的58.13%,占全省水生蔬菜总产量的69.15%。黄岩、缙云、余姚、桐乡等地为浙江的主要茭白产区,其中黄岩也是我国最大的设施茭白生产基地。台州、宁波、嘉兴、丽水和绍兴五市茭白种植面积占浙江省总面积的3/4。2020年浙江省茭白种植面积为32.65千公顷,产量69.15万吨,加工量仅为0.01万吨,产品加工率极低。

安徽茭白面积居全国第二位,2016年茭白种植面积达13.3千公顷,其中岳西县的高山茭白面积超过3.3千公顷。2020年安徽省茭白种植面积为6.55千公顷,较2016年显著下降。安徽水生蔬菜产品结构越来越丰富,2020年安徽芡实、荸荠种植面积均超过了6千公顷。

三、供需平衡

2018～2020 年，水生蔬菜供给量下降。其中莲藕是水生蔬菜中最主要的品种，莲藕供给的变化对水生蔬菜整体供给量产生重大影响。2012～2016 年莲藕种植规模迅速增长，2016～2018 年莲藕价格低迷，导致 2019 年种植面积大幅下降。2020 年水涝灾害严重进一步影响了收获量，2020 年较 2019 年莲藕供给量下降 36%。

水生蔬菜的市场消费需求呈增长态势。一是水生蔬菜的主要消费群体需求稳定。水生蔬菜主产区也是水生蔬菜的主要消费地区，例如湖北、浙江、江苏、湖南、广西、广东、江西、四川等省份既是我国水生蔬菜的主要生产区域，也是我国水生蔬菜主要消费区域，这些地区的消费以鲜食为主，消费弹性小、具有全年性的特征。特别在一些节庆、喜事中水生蔬菜作为地方特色美食必不可少。二是消费者对健康、营养、绿色、特色食品的需求不断增长。随生活水平提高，消费者对食品提出了新的需求：健康、营养、绿色，最好是多元化，更具特色的产品。水生蔬菜具有丰富的营养价值；生物特性决定的生产过程中使用农药极少，基本没有农残，被公认为绿色食品。三是加工食品需求增长。水生蔬菜共计13 种，莲藕、茭白、荸荠、芋头、菱角、芡实、水芹、蒲菜、莼菜等，特色鲜明，加工产品甚多。以最常见的藕粉为例，目前淘宝商城销售知名品牌有"李子柒""三家村""天堂""花姐食养""洪湖水乡"等 37 个品牌，销售量最大的是"李子柒"，月销量 20 多万盒，每盒 350 克，一家网店一年销售的藕粉需要 10500 吨鲜藕（以 0.08 出粉率计算），一家网店一年需要 5000 亩左右规模的生产基地。

四、水生蔬菜生产成本与收益

在全国特色蔬菜试验站的支持和配合下，特色蔬菜产业经济岗向全国特色蔬菜示范基地进行水生蔬菜问卷调查，收回有效问卷共计 334 份，其中 2016 年 154 份，2017 年 180 份，2018 年 229 份，2019 年 249 份，2020 年 251 份。莲藕收回有效问卷：2016 年 68 份，2017 年 84 份，2018 年 171 份，2019 年 115 份，2020 年 96 份。芋头收回有效问卷：2016 年 15 份，2017 年 16 份，2018 年 17 份，2019 年 15 份，2020 年 16 份。茭白收回有效问卷：2016 年 47 份，2017 年 46 份，2018 年 64 份，2019 年 62 份，2020 年 49 份。荸荠收回有效问卷：2016 年 13 份，2017 年 10 份，2018 年 32 份，2019 年 40 份，2020 年 27 份。

（一）不同品种水生蔬菜生产成本收益分析

1. 全国莲藕生产成本收益

2019 年莲藕利润显著增加。2019 年，全国莲藕每亩产量为 1699.95 千克，每亩纯收益 965.21 元，同比 2018 年，每亩产量提高 4.77%，纯收益提高 44.90%。2020 年受暴雨等极端天气影响，莲藕产量急剧下降，全国莲藕每亩产量为 1075.79 千克，同比 2019 年，每亩产量降低 36.72%。全国莲藕供给量大幅下降，市场价格高，农户纯收益提高了 56.85%，如表 8-11 所示。

表 8-11 2017~2020 年莲藕生产成本与收益

单位：千克，元，元/千克

调查内容 \ 年份	2017	2018	2019	2020
一、成本与收益				
每亩产量	1798.94	1622.62	1699.95	1075.79
总产值合计	4137.56	4121.45	5129.64	5157.98
平均出售价格	2.30	2.54	3.02	4.79
总成本	3877.55	3455.33	4164.43	3644.06
净产值	2350.63	2571.32	3243.48	3523.78
纯收益	260.01	666.12	965.21	1513.93
成本纯收益率（%）	6.71	19.28	23.18	41.55
二、每亩物质与服务费用	1786.93	1550.13	1886.16	1634.20
三、每亩人工成本	1441.28	1257.06	1583.79	1338.44
四、每亩土地成本	649.34	648.14	694.48	671.41

资料来源：国家特色蔬菜产业技术体系示范基地调研，有效样本量：2017 年 84 份，2018 年 171 份，2019 年 115 份，2020 年 96 份。

2017~2019 年，莲藕生产成本呈上升态势，2018 年由于价格低迷种植者通过减少投入以减少损失，2019 年市场价格上升种植者加大了生产投入，2019 年每亩物质与服务费用 1886.16 元，为近四年最高。2020 年受自然灾害影响，特别是莲藕主产区湖北省遭受严重的水涝，莲藕严重减产，种植者相应减少了生产投入。2020 年每亩物质与服务费用为 1634.20 元，较 2019 年降低 13.36%。产量降低，相应人工成本下降，2020 年每亩人工成本为 1338.44 元，较 2019 年下降 15.49%。

2020 年，不同莲藕经营主体成本收益率均有较大幅度提高。从平均出售价格看，合作社和种植大户的销售价格最高，分别为 6.08 元/千克、6.01 元/千克。这是由于合作社和种植大户的销售周期最长，合作社的销售期从 5 月到次年 4 月，种植大户的销售期从 6 月到次年 4 月。

从产量看，种植大户和合作社的平均亩产量最低，农户和家庭农场的平均亩产量较高。样本所在区域受灾情况不同导致不同主体间的产量差别较大。这与不同主体的生产技术相关性不大。

从生产投入看，合作社和种植大户的生产成本最高。种植大户每亩总成本为 4054.91 元，合作社每亩总成本为 3957.74 元。其中物质与服务费用占比最高。与往年不同，2020 年很多合作社和种植大户投入了较高的排灌费用，高达 500 元/亩。这是导致合作社和种植大户生产成本较高的原因之一，如表 8-12 所示。

表 8 - 12　2020 年不同经营主体莲藕生产成本与收益

单位：千克，元，元/千克

调查内容 ＼ 经营主体	农户	种植大户	家庭农场	合作社
平均种植规模（亩）	19.34	185.01	179.39	520.46
上市期	10 月~次年 3 月	6 月~次年 4 月	9 月~次年 3 月	5 月~次年 4 月
副产品	无	有	有	有
一、成本与收益				
每亩产量	1355.83	1057.99	1469.93	968.22
总产值合计	5721.27	6355.25	5868.79	5883.95
平均出售价格	4.22	6.01	3.99	6.08
总成本	3397.30	4054.91	3088.53	3957.74
净产值	4265.18	4685.73	4222.71	3960.93
纯收益	2323.97	2300.34	2780.26	1926.21
成本纯收益率（%）	68.41	56.73	90.02	48.67
二、每亩物质与服务费用	1456.09	1669.52	1646.08	1923.02
三、每亩人工成本	1251.92	1630.03	672.99	1411.64
四、每亩土地成本	689.29	755.36	769.46	623.08

资料来源：国家特色蔬菜产业技术体系调研。农户样本量 26，种植大户 28，家庭农场 18，合作社 13。

2. 全国茭白的成本收益分析

2017~2020 年茭白收益呈增长态势。2017 年每亩总产值 6419.52 元，2019 年增长到 12251.38 元，增幅为 90.85%。2020 年每亩总产值达到 15316.20 元，较 2019 年增长 25.02%。茭白种植收益的增长，一方面是单产水平的提高，另一方面是茭白价格持续攀升。

2017~2019 年茭白生产总成本由 4721.42 元/亩增长到 5722.43 元/亩，增幅为 21.20%。其中物质与服务成本增长 55.44%，人工成本增长 18.03%。成本增加一方面原因是新型经营主体使用大中棚增加了投入，另一方面，销售价格攀升促使生产者增加肥料的施用，更加精细化管理。

2020 年茭白生产总成本为 5558.94 元/亩，较 2019 年下降 2.86%。2020 年较 2019 年人工成本有所下降，物质与服务费用和土地成本机械攀升，总成本略有下降。

物质与服务费用的提高一部分是肥料用量和肥料价格的提高导致的，2019 年平均每亩肥料费为 645.10 元，2020 年平均每亩肥料费为 780.71 元，涨幅为 21.02%。茭白种植收益的持续攀升诱使种植者进一步追加肥料用量，以获得更高的收获量，如表 8 - 13 所示。

3. 全国芋头生产成本收益

2017~2020 年，芋头每亩产量先升后降，销售价格攀升，总产值下降，收益下降。

2017 年芋头每亩产量为 1929.38 千克，总产值为 8260.94 元/亩。2020 年芋头每亩产量 1604.17 千克，下降 16.86%；总产值 6164.16 元/亩，下降 25.38%，如表 8 - 14 所示。

表 8 - 13　2017～2020 年茭白生产成本与收益

单位：千克，元，元/千克

调查内容 \ 年份	2017	2018	2019	2020
一、成本与收益				
每亩产量	2194.61	3591.54	2759.21	3400.19
总产值合计	6419.52	10494.43	12251.38	15316.20
平均出售价格	2.92	2.92	4.44	4.50
总成本	4721.42	4851.02	5722.43	5558.94
净产值	5395.89	9350.62	10660.24	13512.15
纯收益	1698.10	5643.41	6528.95	9757.26
成本纯收益率（%）	35.97	116.33	114.09	175.52
二、每亩物质与服务费用	1023.63	1143.80	1591.14	1804.05
三、每亩人工成本	3027.43	3187.07	3573.14	3174.28
四、每亩土地成本	670.36	520.14	558.15	580.61

资料来源：国家特色蔬菜产业技术体系 2017 年有效样本量 46。2018 年有效样本量 64，其中 34 个调查对象中使用大中棚和日光温室，占比 50%。所以，产量显著高。2019 年有效样本量 62，其中 8 个调查对象使用大中棚，占比 12.9%。2020 年有效样本量 49。

表 8 - 14　2017～2020 年芋头生产成本与收益

单位：千克，元，元/千克

调查内容 \ 年份	2017	2018	2019	2020
一、成本与收益				
每亩产量	1929.38	2165.81	1215.92	1604.17
总产值合计	8260.94	7382.59	5405.97	6164.16
平均出售价格	2.73	2.98	4.45	3.84
总成本	3873.50	4500.57	4577.54	5050.51
净产值	5395.89	5396.89	5397.89	5398.89
纯收益	4387.44	2882.02	828.42	1113.65
成本纯收益率（%）	113.27	64.04	18.10	22.05
二、每亩物质与服务费用	1791.00	1973.09	2208.86	2244.48
三、每亩人工成本	1582.50	1841.62	1702.01	2261.03
四、每亩土地成本	500.00	685.86	666.67	545.00

资料来源：国家特色蔬菜产业技术体系。有效样本量：2017 年 16 份，2018 年 17 份，2019 年 15 份，2020 年 16 份。

2017～2020 年，芋头每亩纯收益呈下降趋势。每亩纯收益由 2017 年的 4387.44 元下降至 2020 年的 1113.65 元，跌幅达 74.62%。

芋头收益的下降主要源于单产的下降和生产成本的增加。2017 年、2018 年芋头每亩产量分别为 1929.38 千克、2165.81 千克。2019 年每亩产量为 1215.92 千克，2020 年每亩产量为 1604.17 千克。

4. 全国荸荠生产成本收益

2017～2020 年，荸荠的产量较为稳定，总产值波动上升，生产成本基本稳定。每亩产量在 2200 千克以上，总产值由 2017 年的 8072.41 元/亩上升至 2019 年的 9358.67 元/亩，2020 年又下降至 7206.39 元/亩。产值变化与销售价格波动基本一致。荸荠的生产投入较为稳定，每亩总成本在 4000 元左右，如表 8 - 15 所示。

表 8 - 15　2017～2020 年荸荠生产成本与收益

单位：千克，元，元/千克

调查内容 \ 年份	2017	2018	2019	2020
一、成本与收益				
每亩产量	2540.00	2285.49	2245.04	2282.90
总产值合计	8072.41	5626.78	9358.67	7206.39
平均出售价格	3.18	2.46	4.17	3.16
总成本	4098.43	4046.22	4233.78	4022.18
净产值	6548.89	4458.09	8170.78	5787.53
纯收益	3973.98	1580.56	5124.89	3184.21
成本纯收益率（%）	96.96	39.06	121.05	79.17
二、每亩物质与服务费用	1523.52	1168.69	1187.89	1418.86
三、每亩人工成本	1974.81	2080.11	2254.64	1945.92
四、每亩土地成本	600.10	797.41	791.25	657.41

资料来源：国家特色蔬菜产业技术体系。有效样本量：2017 年 10 份，2018 年 32 份，2019 年 40 份，2020 年 27 份。

（二）水生蔬菜生产成本构成比较

1. 水生蔬菜生产总成本变化

2017～2020 年，水生蔬菜生产成本呈上升趋势，莲藕、茭白、芋头、荸荠四类水生蔬菜每亩总成本由 3967 元上升至 4568.92 元，涨幅为 15.17%。莲藕、茭白、芋头、荸荠平均每亩人工成本为 1874 元，占总成本的 47.24%。2020 年 4 类水生蔬菜平均每亩人工成本上升至 2179.92 元，涨幅为 16.32%，占总成本的 47.71%。平均每亩物质与服务费用由 2017 年的 1509 元上升至 2020 年的 1775.40 元, 涨幅为 17.65%。平均每亩土地成本由 2017 年的 584 元上升至 2020 年的 613.61 元, 涨幅为 5.07%。土地成本增长速度最慢, 物质与服务费用和人工成本上升幅度均在 15% 以上。

2. 水生蔬菜生产成本结构

2017～2020 年, 四类水生蔬菜成本构成保持稳定。人工成本占比最高, 其次是物质与服务费用, 最后是土地成本。物质与服务费用:人工成本:土地成本之比为 2.58:3.21:1。

不同水生蔬菜的成本结构存在差异。茭白的人工成本占比最高, 呈下降趋势, 2017 年茭白人工成本占总成本的 64.12%, 2020 年降为 57.10%, 下降 5 个百分点。莲藕的人工成本占比最低, 人工成本占比在 35%～37%, 这是莲藕采收设备广泛应用的结果。芋头人工成本占比增加, 2017 年芋头人工成本占比为 35.24%, 物质与服务成本占比 51.69%; 2020 年人工成本占比提高到 44.77%, 物质与服务费用占比降为 44.44%。芋头生产相关机械滞后, 而雇工费用逐年增长, 导致芋头生产的人工成本占比增加, 如表 8 - 16 和表 8 - 17 所示。

表 8 - 16　2017 年水生蔬菜生产成本构成　　　　　　　　单位:元,%

每亩	莲藕	占比	芋头	占比	茭白	占比	荸荠	占比	平均数	占比
物质与服务成本	1970	48.76	1732	51.69	1024	21.69	1310	34.85	1509	38.04
人工成本	1419	35.12	1181	35.24	3027	64.12	1870	49.75	1874	47.24
土地流转租金	651	16.11	438	13.07	670	14.19	579	15.40	584	14.72

资料来源:2017 年 12 月特色蔬菜产业经济岗及各基地调研整理。

表 8 - 17　2020 年水生蔬菜生产成本构成　　　　　　　　单位:元,%

每亩	莲藕	占比	芋头	占比	茭白	占比	荸荠	占比	平均数	占比
物质与服务成本	1634.20	44.85	2244.48	44.44	1804.05	32.45	1418.86	35.28	1775.40	38.86
人工成本	1338.44	36.73	2261.03	44.77	3174.28	57.10	1945.92	48.38	2179.92	47.71
土地流转租金	671.41	18.42	545.00	10.79	580.61	10.44	657.41	16.34	613.61	13.43

资料来源:2020 年 10 月特色蔬菜产业经济岗及各基地调研整理。

五、水生蔬菜一二三产业融合发展

(一) "1 + 1" 融合 (见图 8 - 2)

武汉市蔡甸区绿色方舟农产品专业合作社以莲藕种植、产地加工、销售为主。合作社采取 "合作社 + 专业大户 + 农户" 的组织形式, 合作社平整土地后承包给 14 户大户种植，合作社统一购买生产资料、统一生产标准，产品统一使用"莲乡虹"商标销售，主要销往新疆、哈尔滨等地各大超市。此外合作社还与阿里巴巴集团盒马鲜生合作，通过盒马鲜生将产品销往全国各地。2018 年合作社共经营 3000 亩的莲藕，总产量达 600 万千克，产值 860 万元。

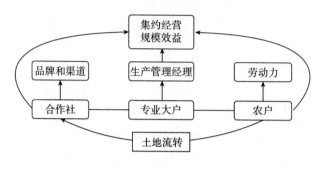

图 8 - 2 "1 + 1" 融合

（二）"1 + 2" 融合（见图 8 - 3）

湖北华贵食品集团是一家集水生蔬菜、淡水鱼类种养、研发、加工、储运、销售及农业产业化全程式服务于一体的省级重点龙头企业，现为我国最大的藕带加工企业。公司成立了洪湖市华贵莲藕种植专业合作社联合社，由合作社为农户提供农资服务和技术培训，统一种苗和生产标准，与经营面积在 200 亩左右的农户签订订单，以最低保护价收购藕带。

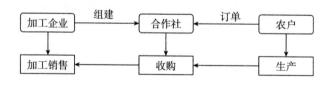

图 8 - 3 "1 + 2" 融合

（三）"1 + 3" 融合（见图 8 - 4）

潜江市潜黄湾莲藕种植专业合作社成立于 2015 年，是一家专门从事莲藕种植、加工、销售的农民专业合作社。合作社与酒店签订购销合同，合同中规定产品质量、包装、清洗、口感等要求，合作社要保质保量每周配送两次。合作社与农户签订农产品包销协议，合作期限 5 年，每年一签，价格每年一议。通过"酒店 + 合作社 + 农户"的模式，农民每亩利润达 5000 元，2016 年帮助农民增收 300 多万元，带动 28 户贫困户脱贫致富。

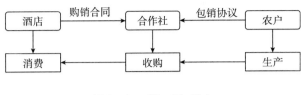

图 8 - 4 "1 + 3" 融合

(四) "1 + 1 + 3" 融合 (见图 8 - 5)

汉川莲藕长吴专业合作社成立于 2016 年，专门从事莲藕种植、销售。合作社与专业批发市场建立长期合作关系，批发市场需求量大，需要与出货量大、出货稳定的经营主体合作。合作社每天向批发市场发货，价格根据当天的市场价格而定，价格透明公开，不存在议价。

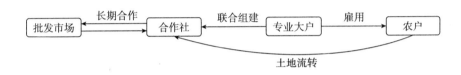

图 8 - 5 "1 + 1 + 3" 融合

(五) "1 + 2 + 3" 全产业链融合 (见图 8 - 6)

湖北嘉野生态农业有限公司从事野藕种植、保险加工、销售、休闲旅游等。公司在 340 亩生态野藕种植基地基础上，打造 1400 亩的湖北嘉野生态农业园，以"野藕"为主题，打造野藕生产、加工、销售、旅游、教学的全产业链，通过整合地区资源、文化，突出特色农产品展示、乡村旅游、野藕美食、民俗活动等带动莲藕发展。

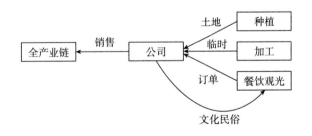

图 8 - 6 "1 + 2 + 3" 全产业链融合

下篇 产业研究篇

第一章　2020 年度疫情对蔬菜产业影响评估

为打好全国疫情防控攻坚战，切实了解疫情对各地蔬菜产业影响情况，2020 年 2 月 8 日，国家特色蔬菜产业技术体系、河北蔬菜产业技术体系各岗位专家对防疫期间蔬菜产业发展进行了问卷调研，形成此调研报告。

一、调查对象

此次调查涉及全国 24 个省份，381 名蔬菜种植户、经营主体、农业管理、农技人员等，调查内容主要包括防疫期间上市蔬菜交易量、价格变动、在田蔬菜种植、管理及政府帮扶情况，以此了解疫情对蔬菜产业影响程度（影响程度采用量化表的形式，用 0 ~ 5 表示影响程度由弱到强）、调研主体面临的主要问题，并为保障蔬菜生产、应对突发卫生安全事件提供合理化建议。

二、疫情对蔬菜产业的影响

（一）蔬菜运输成本增加，价格波动频繁

春节期间，多数蔬菜生产工及运输工返乡，车辆运输较为紧张。多省实施重大突发公共卫生事件 I 级响应以来，由于检验检疫需求，额外的时间成本、人力成本增加蔬菜运输，特别是跨省运输困难。此外，部分地区盲目封村封路，一方面封路无法组织工人蔬菜采摘，另一方面蔬菜运输车调度困难，致使外地车辆进不来，本地蔬菜销售不出去，影响蔬菜有序供应。自 2020 年 1 月 23 日宣布防控疫情以来，蔬菜价格变动频繁。受疫情影响，种植户蔬菜卖不出、压价卖，但市场销售价格却居高不下，调查的 18 余种上市蔬菜（大白菜、黄瓜、西红柿、辣椒、茄子、莲藕、架豆、草莓等）价格均出现短暂上扬，大部分地区蔬菜以小于 20% 的增幅波动，59.84% 的受访者认为上市蔬菜价格频繁波动是非常时期正常变动。

（二）上市蔬菜供应受阻，交易量下降

受疫情影响，部分地区交通受阻，蔬菜收购商与经纪人采购受限，外来运输车辆少，销售不畅，导致农产品积压，交易量下降。目前正值收获的韭菜、黄瓜、番茄、草莓、甜瓜等严重滞销，其中，有 20.47%、21.26% 的受访者反映番茄、草莓交易量降低超过 50%，番茄交易量降低区域集中于山东德州、河北沧州、衡水等地，草莓成交量降低区域集中于河北秦皇岛、山东德州等地。此外，多数批发市场、物流园区限制浙江、湖北挂牌车进入，局部市场短缺，出现蔬菜等"菜篮子"产品"出不了村、进不了城"现象。

（三）在田蔬菜管理难度大，农事活动受限

蔬菜种植户面临肥料流通、秧苗运输等受限，调查发现，19.69% 的种植户、经营主体认为疫情发展对在田蔬菜管理和收获的影响显著，疫情防控引致"用工难"问题，人员流动困难，蔬菜生产计划被迫推迟、打乱，导致生产损失。调研发现，受疫情影响，湖北汉川莲藕种植户莲藕销售量降低 30% 以上，收购价格下降超过 25%，同时受"用工难"、种苗运输与肥料购销受限等因素制约，种植面积将略有下降。

（四）疫情变动对未来蔬菜发展影响

疫情对当前蔬菜产业总体影响程度较大，73.48% 的受访人评以"3"以上的分值。随着疫情变动，未来蔬菜发展：一方面，销售模式多样化。防疫期间，蔬菜主销渠道为超市等菜店直销，在传统蔬菜销售模式下，54.33% 的种植户、经营主体创新配送模式，安全运送蔬菜，依托政府部门、网络媒体等途径畅通供需对接渠道。例如，行唐县沟北村股份经济合作社、昌黎草莓种植户，通过物联网、微信朋友圈、公众号等途径发布韭菜及草莓生产、价格、配送范围信息，直接对接居民户，未来电子商务、网上交易、冷链配送等物流方式将会进一步推广。另一方面，蔬菜生产智能化。在田蔬菜管理和收获受"雇工难"、劳动力成本提高影响，未来在田蔬菜生产新设备、新机械将逐步推广，引进、研发示范省力型农机具、生产数据平台和远程控制系统，运用 5G、地理遥感等技术，助力机械化、数字化生产、精准管理，为现代生产提供硬件基础。

三、政策建议

（一）保生产，确保优质产品供给

一是加大时令蔬菜上市力度，对大白菜、菠菜、番茄、韭菜等进入采收期的季节性蔬菜，加快采收销售，提高蔬菜上市量。二是稳定在田、春茬蔬菜，抓好速生蔬菜生产，保障春季蔬菜备播，育苗企业严格执行种苗生产标准，确保种苗的有效供给，把优质健壮的适龄壮苗提供给广大待定种植的菜农，推进棚室蔬菜生产的顺利进行。三是严格市场检测和准入制度，严格执行农业投入品监管，重点查处农药、化肥和激素的违规添加，防止发生蔬菜质量安全事件，强化优质蔬菜安全生产基地监管，实现常态化管理，多措并举为蔬菜生产保驾护航。

（二）畅流通，大力推动产销衔接

一是提高流通效率。打破流通壁垒，落实《关于确保"菜篮子"产品和农业生产资料正常流通秩序的紧急通知》要求，政府牵头协同网络媒体，依托大数据平台，以发布"菜篮子"名录、供应基地联系方式等形式，搞好供需对接，推进产销对接，畅通蔬菜运输绿色通道，防止脱销断档。二是协调外调蔬菜供应。以市场为导向组织生产和流通，强化调运组织管理，用好交通通行证，协调蔬菜产量大省，调运补充蔬菜紧缺地区，维护"菜篮子"产品正常流通。三是推进奖补政策。制定蔬菜采购、运输补贴标准，例如，以运往目的地里程数核算运输补贴，确保鲜活蔬菜运得出生产一线、运得到消费一线。

（三）降风险，切实搞好宣传服务

一是加强宣传引导。通过多种渠道、多种形式，广泛宣传防控疫情的科学措施，提高种植户安全生产意识，为"菜篮子"产品流通和蔬菜生产创造条件。二是加强线上指导服务。依托网络平台（微信、抖音等），发布种植户亟须的生产栽培、肥水管理、病虫害防治等信息，强化生产技术指导，更科学、更广泛、更安心地服务种植户。三是诚信经营。依法合规开展经营，杜绝乘机哄抬物价、发布虚假信息等扰乱市场秩序的行为，保障菜价基本平稳、春耕工作的有序进行。

（四）抓机遇，探索产业升级新路径

一方面，打造"实体＋网络"模式，建立农超对接、农社对接、农餐对接、农企对接，以市场需求为导向，满足消费者需求。另一方面，构建蔬菜信息库与网络营销、网络预订和网上支付等公共服务平台，推动直供直销规模，激励蔬菜企业、合作组织建立直销配送网点，全面提升行业的信息化服务水平。

第二章 2020 年度疫情对我国特色蔬菜出口贸易的影响及对策建议

特色蔬菜（大葱、生姜、大蒜、辣椒、洋葱和芥菜等辛辣蔬菜以及莲藕、芋头和荸荠等水生蔬菜）作为我国的特色优势农产品，2019 年出口总额达到 45.57 亿美元，占特色蔬菜贸易总额的 92.49%，是我国出口创汇的主要农产品类别，在国际市场中占据重要的支配地位，竞争优势显著，其中，大葱、生姜、大蒜、芥菜等常年稳居世界出口第一位，为我国农产品出口创汇做出巨大贡献，成为我国某些地区农民增收的重要途径。大蒜、辣椒等主要出口至东南亚、东亚及周边地区，成为带动中国与"一带一路"国家农业合作的重要领域。疫情全球大蔓延扰乱了全球供应链和国际贸易的发展，对我国特色蔬菜出口贸易产生了多大的短期冲击，是否存在长期影响，应该采取何种措施缓解疫情的负面影响，是当前特色蔬菜国际形势的重要研究领域。

一、疫情对我国特色蔬菜出口贸易规模的影响

（一）特色蔬菜总体出口贸易形势

2010 年至 2020 年 10 月，我国特色蔬菜出口贸易呈现一定波动性。特色蔬菜出口量总体呈增长趋势，由 2010 年的 245.31 万吨增长到 2019 年的 425.61 万吨，截至 2020 年 10 月，特色蔬菜出口量达到 377.52 万吨，同比增长 11.04%，比 2019 年 1～10 月的同比增长率高出 9.67 个百分点；特色蔬菜出口额波动幅度较大，2016 年达峰值 50.99 亿美元，2017～2018 年连续两年下滑，2019 年上升至 45.57 亿美元，截至 2020 年 10 月，出口额达 38.71 亿美元，同比增长 7.95%，比 2019 年 1～10 月的同比增长率低 6.54 个百分点，如图 2-1 所示。

总体上，即便受疫情影响，我国特色蔬菜出口亦呈增长趋势，2020 年 1～10 月出口量增幅高于 2019 年同期，出口额受出口价格下降的影响，增幅虽小于 2019 年同期，但增势也较为明显，10 个月的出口额已超过 2018 年全年额度。可见，一方面，我国作为特色蔬菜供给大国，外界对我国的需求依赖程度较高；另一方面，我国疫情于 2020 年 3 月初得到有效控制，为我国产品的安全输出提供了强有力的保障，如表 2-1 所示。

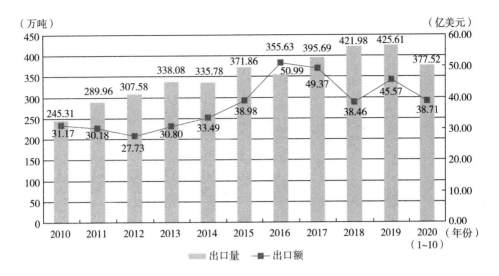

图 2 − 1　2010 ~ 2020 年中国特色蔬菜出口贸易变动情况

表 2 − 1　2018 ~ 2020 年 1 ~ 10 月中国特色蔬菜出口贸易变动情况

单位：万吨，亿美元，美元/吨，%

年份	出口量	同比增减	出口额	同比增减	出口价格	同比增减
2018（1 ~ 10）	335.41	—	31.32	—	933.77	—
2019（1 ~ 10）	339.99	1.37	35.86	14.49	1054.68	12.95
2020（1 ~ 10）	377.52	11.04	38.71	7.95	1025.30	− 2.79

资料来源：根据"海关统计数据查询平台"数据整理计算所得。

（二）辛辣蔬菜出口贸易形势

2010 ~ 2020 年 10 月，我国辛辣蔬菜出口贸易呈现一定波动性。辛辣蔬菜出口量总体呈增长趋势，由 2010 年的 234.09 万吨增长到 2019 年的 414.85 万吨，截止到 2020 年 10 月，辛辣蔬菜出口量达到 369.57 万吨，同比增长 11.46%，比 2019 年 1 ~ 10 月的同比高 10.10 个百分点；辛辣蔬菜出口额波动幅度较大，2016 年达峰值 49.79 亿美元，2017 ~ 2018 年连续两年下滑，2019 年上升至 44.37 亿美元，截至 2020 年 10 月，出口额达 37.75 亿美元，同比增长 8.12%，比 2019 年 1 ~ 10 月的同比低 6.77 个百分点，如图 2 − 2 和表 2 − 2 所示。

由于辛辣蔬菜出口贸易在整体特色蔬菜中占 97% 以上，因此，辛辣蔬菜的出口贸易形势基本代表了整体特色蔬菜的出口贸易形势。可见，在疫情冲击下，我国辛辣蔬菜的国际市场地位依然坚挺。

从辛辣蔬菜的产品构成来看，2020 年我国辛辣蔬菜出口量排名前三的是大蒜（52.63%）、洋葱（18.96%）和生姜（11.77%），与疫情前排名顺序一致，与 2019 年相比，大蒜占比增加 6.37 个百分点，洋葱占比减少 4.43 个百分点，生姜占比减少 1.2 个百分点；出口额排名前三的是大蒜（53.17%）、生姜（15.69%）和辣椒（14.74%），疫情

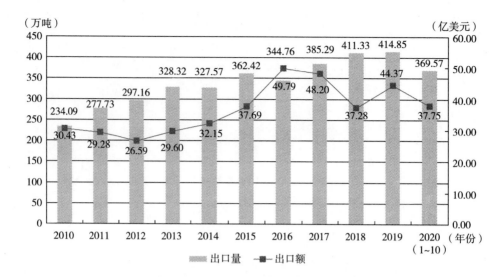

图 2－2　2010～2020 年中国辛辣蔬菜出口贸易变动情况

表 2－2　2018～2020 年 1～10 月中国辛辣蔬菜出口贸易变动情况

单位：万吨、亿美元、美元/吨，%

年份	出口量	同比增减	出口额	同比增减	出口价格	同比增减
2018（1～10）	327. 15	—	30. 39	—	929. 05	—
2019（1～10）	331. 58	1. 35	34. 92	14. 89	1053. 09	13. 35
2020（1～10）	369. 57	11. 46	37. 75	8. 12	1021. 51	－3. 00

资料来源：根据"海关统计数据查询平台"数据整理计算所得。

前排名保持前三的是大蒜、辣椒和洋葱，生姜排名第 4。与 2019 年相比，大蒜和辣椒的占比基本保持稳定，洋葱占比减少 3.05 个百分点，生姜占比增加 2.8 个百分点。可见，在辛辣蔬菜的几类主要出口创汇产品中，疫情对洋葱的冲击相对较大，出口量和出口额双双挤压，对生姜的冲击主要体现在出口量的缩减上，但由于生姜价格的攀升，出口创汇反而增加，在辛辣蔬菜的排名由第四位上升为第二位，如图 2－3 和图 2－4 所示。

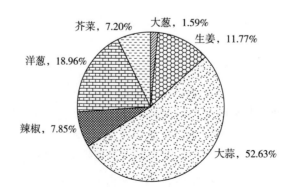

图 2－3　2020 年中国各类辛辣蔬菜出口量占比

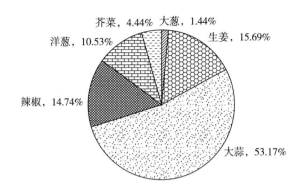

图 2-4 2020 年中国各类辛辣蔬菜出口额占比

从各类辛辣蔬菜的出口量变动来看，2010～2019 年所有辛辣蔬菜出口量均呈波动式增长，其中，2019 年与 2010 年相比，芥菜增长 154.96%、洋葱增长 52.66%、大蒜增长 27.35%、大葱增长 11.9%。与 2012 年相比，辣椒增长 101.85%、生姜增长 20.07%。可见，10 年间出口量增长最快的是芥菜，其次为辣椒和洋葱。2010～2019 年出口量波动幅度最大的是生姜，最高增幅为 2015 年的 61.27%，最高降幅为 2014 年的 -31.16%，极差为 92.43%；其次为洋葱，最高增幅为 2017 年的 29.78%，最高降幅为 2016 年的 -18.97%，极差为 48.75%；其余辛辣蔬菜的波幅极差均在 30% 左右。截止到 2020 年 10 月，出口量同比缩减的有大葱（-10.68%）、洋葱（-8.69%）和生姜（-4.81%），出口量同比增加的有大蒜（29.19%）、辣椒（13.87%）和芥菜（0.30%），如表 2-3 所示。

表 2-3 2010～2020 年 10 月中国各类辛辣蔬菜出口量变动情况 单位：万吨，%

年份	大葱		生姜		大蒜		辣椒		洋葱		芥菜	
	出口量	同比增减	出口量	同比增减	出口量	同比增减	出口量	同比增减	出口量	同比增减	出口量	同比增减
2010	7.25	—			150.68				63.56		12.60	
2011	8.39	15.83			180.93	20.07			73.46	15.58	14.95	18.64
2012	6.45	-23.14	44.81		153.24	-15.30	15.80		61.49	-16.29	15.36	2.79
2013	6.83	5.79	38.01	-15.16	177.10	15.57	16.46	4.16	74.15	20.59	15.77	2.64
2014	6.24	-8.56	26.17	-31.16	190.39	7.50	16.79	2.00	73.02	-1.52	14.96	-5.14
2015	6.59	5.62	42.20	61.27	192.01	0.85	20.42	21.63	86.66	18.68	14.54	-2.83
2016	6.61	0.23	53.78	27.43	169.81	-11.56	26.95	31.97	70.23	-18.97	17.40	19.71
2017	7.66	15.96	45.45	-15.48	190.18	12.00	27.63	2.53	91.14	29.78	23.22	33.45
2018	8.41	9.76	49.13	8.10	207.24	8.97	31.04	12.33	89.54	-1.76	25.96	11.81
2019	8.11	-3.57	53.80	9.49	191.89	-7.41	31.90	2.77	97.03	8.36	32.12	23.72
2020 (1～10)	5.88	-10.68	43.49	-4.81	194.50	29.19	29.03	13.87	70.07	-8.69	26.60	0.30

资料来源：根据"海关统计数据查询平台"数据整理计算所得。

可见，国外对我国芥菜、辣椒和大蒜的需求增势较快，在疫情冲击下仍能保持较好的增速，生姜和洋葱作为波幅较大的品种，受疫情影响，出口量有所减少。其中，生姜出口量减少主要是由于供应端紧缺，一是我国生姜收成不佳，二是疫情对种植户的冲击导致"用工荒"，10 月新一轮的生姜收成欠佳，令生姜供应雪上加霜，引发出一场全球范围的"生姜荒"。

从各类辛辣蔬菜的出口额变动来看，2010～2019 年除大蒜出口额有所下降外（2019年比 2010 年减少 10.48%），其余辛辣蔬菜均呈波动式增长。其中，2019 年与 2010 年相比，芥菜增长 267.17%、洋葱增长 111.80%、大葱增长 33.23%。与 2012 年相比，生姜增长 118.49%、辣椒增长 110.70%。可见，10 年间出口额增长最快的是芥菜，其次为生姜、洋葱和辣椒。2010～2019 年出口额波动幅度最大的是大蒜，最高增幅为 2016 年的50.49%，最高降幅为 2018 年的 -38.82%，极差为 89.31%；其次为生姜，最高增幅为2013 年的 52.79%，最高降幅为 2015 年的 -18.43%，极差为 71.21%；芥菜的波幅极差为 64.86%，大葱的波幅极差为 46.06%，辣椒的波幅极差为 41.10%，洋葱的波幅极差为34.41%。可见，辛辣蔬菜出口额的波动幅度都相对偏高。截止到 2020 年 10 月，出口额同比缩减的有洋葱（-15.43%）和大葱（-13.66%），出口额同比增加的有生姜（23.58%）、辣椒（11.32%）大蒜（9.89%）和芥菜（9.30%），如表 2-4 所示。

表 2-4　2010～2020 年 10 月中国各类辛辣蔬菜出口额变动情况　单位：亿美元，%

年份	大葱		生姜		大蒜		辣椒		洋葱		芥菜	
	出口额	同比增减	出口额	同比增减	出口额	同比增减	出口额	同比增减	出口额	同比增减	出口额	同比增减
2010	0.57	—	—	—	26.51	—	—	—	2.85	—	0.51	—
2011	0.74	30.77	—	—	24.63	-7.11	—	—	3.20	12.50	0.70	38.62
2012	0.71	-4.12	2.62	—	16.69	-32.23	2.98	—	3.06	-4.31	0.52	-25.26
2013	0.66	-6.98	4.00	52.79	17.58	5.33	2.85	-4.36	3.89	27.11	0.62	18.34
2014	0.56	-15.29	5.49	37.28	18.07	2.79	3.20	12.32	4.12	5.72	0.72	15.49
2015	0.62	10.07	4.48	-18.43	23.03	27.47	3.76	17.51	4.94	20.03	0.86	20.00
2016	0.76	22.16	3.70	-17.46	34.66	50.49	5.14	36.73	4.58	-7.30	0.95	10.60
2017	0.73	-3.39	4.29	15.96	31.49	-9.16	5.42	5.40	5.08	10.96	1.19	25.55
2018	0.85	16.39	4.72	10.09	19.27	-38.82	6.11	12.86	5.00	-1.67	1.33	11.48
2019	0.76	-10.80	5.72	21.20	23.74	23.20	6.28	2.62	6.03	20.61	1.86	39.60
2020 (1~10)	0.54	-13.66	5.92	23.58	20.07	9.89	5.56	11.32	3.97	-15.43	1.67	9.30

资料来源：根据"海关统计数据查询平台"数据整理计算所得。

可见，洋葱和大葱受疫情冲击较大，出口量和出口额双双缩减，且出口额缩减幅度更大，说明洋葱和大葱的出口价格同比下降较多，主要原因是 2020 年春季处于全球疫情扩散初期，交通运输受阻，导致春季洋葱和大葱严重滞销。对于生姜和芥菜，由于国外需求旺盛，在我国疫情导致的供给趋紧的形势下，需求拉动价格攀升，最终实现出口额的显著提升。另外，对于大蒜和辣椒，出口量和出口额均同比增加，但出口额增幅小于出口量增幅，说明出口价格不容乐观，其中，大蒜行情自 2020 年 4 月中旬就一路走低，辣椒行情由于受国外疫情秋冬季节的再度加重，为防止疫情蔓延，各国停工停产情况明显增多，导致国外一些辣椒加工企业被迫停工歇业，对辣椒的需求也有所减少。

（三）水生蔬菜出口贸易形势

2012 ～ 2020 年 10 月[①]，我国水生蔬菜出口贸易呈现小幅度波动。水生蔬菜出口量除 2013 ～ 2015 年较低外，基本维持在 10 万吨以上，截至 2020 年 10 月，水生蔬菜出口量达到 7.96 万吨，同比减少 5.47%；水生蔬菜出口额除 2014 年较高外，其余年份均较为平稳，截至 2020 年 10 月，出口额达到 0.96 亿美元，同比增长 1.64%，略高于 2019 年 1 ～ 10 月同比增长率，如图 2 – 5 所示。

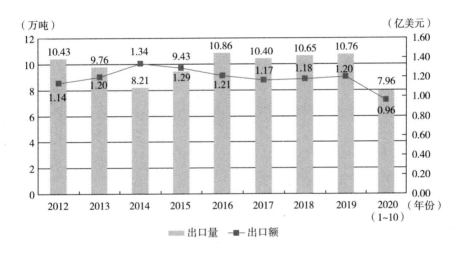

图 2 – 5 2012 ～ 2020 年 10 月中国水生蔬菜出口贸易变动情况

可见，我国水生蔬菜受疫情影响，出口量略有下降，但在出口价格的拉动下，出口额反呈增长趋势。可见，国外对我国水生蔬菜的需求依赖程度也相对较高。

从水生蔬菜的产品构成来看，2020 年我国水生蔬菜出口量的产品构成情况为芋头（66.57%）、莲藕（26.70%）和荸荠（6.73%），与 2019 年相比变化不大，与 2012 年相比，莲藕占比增加 4.13 个百分点，芋头和荸荠的占比分别减少 2 个百分点；出口额的产品构成情况为芋头（62.95%）、莲藕（28.74%）和荸荠（8.31%）。与 2019 年相比，芋头占比略有缩减；与 2012 年相比，芋头占比减少 11.09 个百分点，莲藕占比增加 10.43 个百分点，荸荠占比减少 0.67 个百分点。可见，总体上芋头属于水生蔬菜出口的主要产

---

① 由于芋头出口贸易数据起始年份为 2012 年，芋头在水生蔬菜出口贸易中占比 66% 以上，因此，水生蔬菜数据亦从 2012 年开始。

品，但在总体结构中的比重逐年缩减，莲藕份额逐年提高。疫情对水生蔬菜产品结构的影响不大，如表 2 - 5、图 2 - 6 和图 2 - 7 所示。

表 2 - 5　2018 ~ 2020 年 1 ~ 10 月中国水生蔬菜出口贸易变动情况

单位：万吨，亿美元，美元/吨，%

年份	出口量	同比增减	出口额	同比增减	出口价格	同比增减
2018（1 ~ 10）	8.26	—	0.93	—	1120.6	—
2019（1 ~ 10）	8.42	1.88	0.94	1.59	1117.4	- 0.28
2020（1 ~ 10）	7.96	- 5.47	0.96	1.64	1201.6	7.53

资料来源：根据"海关统计数据查询平台"数据整理计算所得。

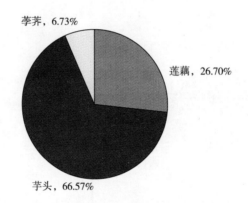

图 2 - 6　2020 年中国各类水生蔬菜出口量占比

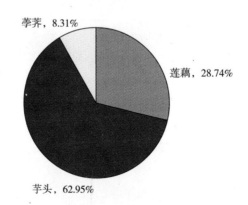

图 2 - 7　2020 年中国各类水生蔬菜出口额占比

从各类水生蔬菜的出口量变动来看，2010 ~ 2019 年莲藕出口量呈增长趋势，芋头变化不大，荸荠逐年递减。2019 年与 2010 年相比，莲藕增长 28.49%，荸荠减少 66.70%；与 2012 年相比，芋头增长 1.63%；截止到 2020 年 10 月，三类水生蔬菜出口量均同比缩减，缩减幅度分别为芋头 - 5.85%、莲藕 - 5.46%、荸荠 - 1.61%。可见，疫情对水生蔬菜出口规模产生了一定的负面冲击，如表 2 - 6 所示。

表 2 - 6　2010~2020 年 10 月中国各类水生蔬菜出口量变动情况　单位：万吨,%

年份	莲藕		芋头		荸荠	
	出口量	同比增减	出口量	同比增减	出口量	同比增减
2010	2.229	—	—	—	1.868	—
2011	2.412	8.21	—	—	1.233	- 33.97
2012	2.353	- 2.45	7.156	—	0.917	- 25.67
2013	2.263	- 3.85	6.461	- 9.71	1.033	12.71
2014	2.306	1.94	5.056	- 21.74	0.845	- 18.25
2015	2.499	8.33	6.378	26.14	0.558	- 33.99
2016	2.773	11.00	7.586	18.95	0.503	- 9.84
2017	3.179	14.63	6.741	- 11.14	0.481	- 4.31
2018	3.110	- 2.18	6.905	2.43	0.638	32.66
2019	2.864	- 7.89	7.272	5.31	0.622	- 2.52
2020	2.72	- 5.03	6.870	- 5.53	0.670	7.72
2020（1~10）	2.125	- 5.46	5.297	- 5.85	0.535	- 1.61

资料来源：根据"海关统计数据查询平台"数据整理计算所得。

从各类水生蔬菜的出口额变动来看，2010~2019 年莲藕出口额呈增长趋势，芋头略有下降，荸荠逐年递减。2019 年与 2010 年相比，莲藕增长 41.18%，荸荠减少 56.52%；与 2012 年相比，芋头减少 7.22%；截止到 2020 年 10 月，除芋头出口额略有缩减（- 1.19%）外，荸荠同比增长 10.12%、莲藕同比增长 5.94%。可见，在疫情对水生蔬菜出口滞销的影响下，由于国外的需求拉动，出口价格有所提升，带动了水生蔬菜出口额的相对提高，如表 2 - 7 所示。

表 2 - 7　2010~2020 年 10 月中国各类水生蔬菜出口额变动情况 单位：亿美元,%

年份	莲藕		芋头		荸荠	
	出口额	同比增减	出口额	同比增减	出口额	同比增减
2010	0.238	—	—	—	0.184	—
2011	0.305	28.16	—	—	0.138	- 25.08
2012	0.209	- 31.55	0.845	—	0.087	- 36.56
2013	0.225	7.42	0.863	2.08	0.112	28.15
2014	0.271	20.85	0.963	11.62	0.106	- 5.00
2015	0.313	15.36	0.904	- 6.20	0.073	- 30.91
2016	0.367	17.26	0.777	- 13.98	0.062	- 15.12

续表

年份	莲藕		芋头		荸荠	
	出口额	同比增减	出口额	同比增减	出口额	同比增减
2017	0.377	2.72	0.736	-5.25	0.059	-6.09
2018	0.347	-7.92	0.751	2.02	0.082	39.41
2019	0.336	-3.39	0.784	4.31	0.080	-1.49
2020	0.355	5.65	0.782	-0.26	0.099	23.75
2020 (1~10)	0.275	5.94	0.602	-1.19	0.079	10.12

资料来源：根据"海关统计数据查询平台"数据整理计算所得。

二、疫情对我国特色蔬菜出口贸易价格的影响

（一）特色蔬菜总体出口价格变动情况

2020 年 1~4 月，我国辛辣蔬菜出口价格分别比上年同期增长 36.14%、20.89%、23.81% 和 9.25%，5~10 月出口价格分别比上年同期减少 12.36%、23.07%、27.46%、18.38%、2.55% 和 1.51%。可见，疫情暴发初期，我国作为国际上重要的辛辣蔬菜供给大国，由于大量辛辣蔬菜出口滞销，导致全球辛辣蔬菜价格一路飙升；5 月之后，随着我国疫情防控的有效实施，国内市场逐渐恢复，辛辣蔬菜的大面积收获加大了国际市场供给，但是国外疫情不断蔓延，各国停工停产增多，许多辛辣食品加工厂被迫停工歇业，对国内某些辛辣蔬菜的需求有所减少，使 5 月之后的出口价格持续低迷，低于上年同期价格，8 月开始，出口价格与上年同期的差距不断缩小，有望在第四季度回升至正常水平。2020 年我国水生蔬菜出口价格除 6~7 月比上年同期略有下降（-1.34% 和 -6.15%）外，其余月份一直保持较高价位，说明我国水生蔬菜在国际市场中处于供不应求的市场形势。总体上，我国在特色蔬菜国际市场中是极为重要的供给方，对国际市场价格的波动起到决定性的作用，如图 2-8 所示。

（二）各类特色蔬菜出口价格变动情况

各类特色蔬菜出口价格的变动情况可分为四类：第一类，持续走高型——生姜。生姜价格自 2019 年 11 月就开始一路飙升，直到 2020 年 5 月维持在比上年同期增长 20% 以上的水平，6~7 月同比增长降到 20% 以下，但 8~10 月又开始直线攀升，10 月出口价格达 2018.12 美元/吨，比上年同期增长 89.25%。可见，疫情对生姜价格的影响极为显著。一方面，我国作为生姜供给大国，收成欠佳，对全球生姜供给带来很大缺口；另一方面，世界各地对生姜这种调味料的需求一路上升，因此严重的供需不平衡导致了生姜价格持续走高。如图 2-9 所示。

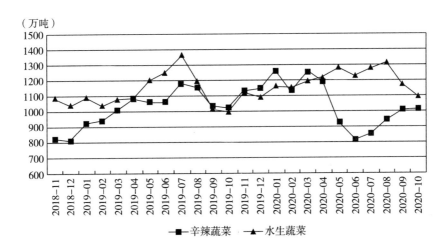

图 2 – 8　2018 年 11 月至 2020 年 10 月中国特色蔬菜出口价格变动情况

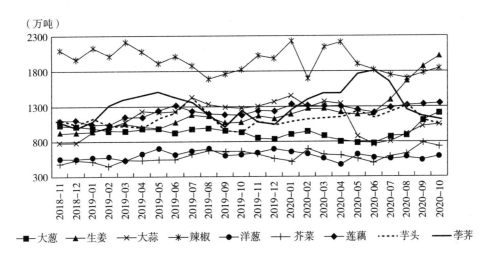

图 2 – 9　2018 年 11 月至 2020 年 10 月中国各类特色蔬菜出口价格变动情况

　　第二类，先升后降型——大蒜和洋葱。2019 年 11 月至 2020 年 4 ~ 5 月，大蒜和洋葱出口价格低于上年同期水平，4 ~ 5 月之后高于上年同期水平，其中大蒜涨跌幅度大于洋葱，最高涨幅为 2019 年 12 月，比上年同期增长 77.19%，最高降幅为 2020 年 7 月的 – 43.77%，10 月仍比上年同期低 17.82%；洋葱最高涨幅为 2019 年 12 月的 24%，最低降幅为 2020 年 4 月的 – 24.81%，之后逐渐缩减与上年同期的差距，10 月仅比上年同期低 3.38%。可见，大蒜和洋葱在疫情初期由于管控运输阻碍，市场滞销，供给紧缺拉动产品价格上浮，第二季度随着我国疫情形势好转，产品大规模收获，供给充足，同时由于国外疫情蔓延，消费需求和加工需求减少，导致产品价格持续走低，根据近期变动形势预计大蒜出口价格年底将持续低迷，洋葱价格有望回归至上年同期水平。

　　第三类，间断走低型——大葱、辣椒和芥菜。这三种蔬菜出口价格比上年同期时高时低。大葱以同比下跌为主，除 2020 年 2 月，价格一直低迷，说明国际市场上大葱供过于求，9～10 月大葱价格开始上涨，10 月已超上年同期 30.55%。价格快速上涨的原因，一是 2020 年大葱面积缩减，市场供应趋紧，由于国内大葱价格自 2019 年 7 月达 3.84 元/千克后一路走低，直到 2020 年 2 月才反弹至 3.66 元/千克，随后又继续下滑，造成 2020 年大葱种植面积大幅减少；二是 2020 年雨水偏多，抑制了大葱单产水平。从国内价格来看，9 月大葱价格为 3.66 元/千克，环比上涨 15.1%，同比上涨 21.2%，10 月大葱价格为 3.99 元/千克，环比上涨 9.0%，同比上涨 51.1%，创近十二年同期价格新高。辣椒和芥菜在疫情初期及年中出口价格有所下浮，其余年份有所上升，辣椒回升幅度较低，8～10 月基本与上年同期价格持平，芥菜 9～10 月价格同比上升幅度较大，如表 2-8 所示。

表 2-8 2019 年 11 月至 2020 年 10 月中国各类特色蔬菜出口价格同比增减情况 单位：%

时间	大葱	生姜	大蒜	辣椒	洋葱	芥菜	莲藕	芋头	荸荠
2019-11	-17.19	25.86	68.19	-3.63	13.68	29.92	13.52	-0.16	-0.98
2019-12	-17.64	22.21	77.19	0.98	24.00	2.24	12.73	1.13	6.62
2020-01	-8.81	25.92	55.76	4.63	14.73	-2.64	27.09	-2.55	15.10
2020-02	0.65	24.67	30.77	-15.87	8.09	56.92	27.86	10.47	5.90
2020-03	-6.82	19.87	27.39	-2.54	6.14	13.20	14.16	10.71	6.14
2020-04	-18.42	21.57	9.90	6.86	-24.81	14.26	14.09	13.99	3.66
2020-05	-20.26	21.97	-28.34	-0.12	-12.69	-0.10	0.53	8.30	16.93
2020-06	-17.05	11.88	-38.52	-9.67	-4.77	-9.11	-7.87	-5.44	27.12
2020-07	-11.20	18.29	-43.77	-7.17	-16.34	-6.42	3.80	-14.32	21.62
2020-08	-9.87	44.25	-31.12	0.39	-16.92	-6.52	10.19	9.38	6.73
2020-09	16.02	77.04	-20.98	1.11	-9.30	21.80	11.31	16.53	14.30
2020-10	30.55	89.25	-17.82	0.62	-3.38	11.22	14.06	9.73	-9.75

资料来源：根据"海关统计数据查询平台"数据整理计算所得。

第四类，总体走高型——莲藕、芋头和荸荠。水生蔬菜出口价格除个别月份略有下降外，总体形势走高。莲藕在 2020 年 6 月，芋头在 2019 年 11 月和 2020 年 1 月、6 月、7 月，荸荠在 2019 年 11 月和 2020 年 10 月价格比上年同期略低，其余月份均比上年同期偏高。可见，疫情期间水生蔬菜国际市场形势以供不应求为主，价格持续拉高。

三、疫情对我国不同地区特色蔬菜出口的影响

（一）各省辛辣蔬菜出口贸易形势

2020 年 1～10 月，辛辣蔬菜出口额排名前十的省份为山东、广西、云南、江苏、河南、广东、湖南、内蒙古、河北和黑龙江，出口额达 35.61 亿美元，占全国出口总额的 94.33%，同比增长 7.89%。其中，山东、云南、湖南、内蒙古和河北出口额高于上年同

期水平，同比增长率分别为 15.06%、24.04%、87.05%、17.25% 和 14.75%；广西、江苏、河南、广东和黑龙江出口额低于上年同期水平，同比增长率分别为 -22.63%、-9.25%、-2.95%、-5.89% 和 -5.78%。如表 2-9 所示。

表 2-9　2019～2020 年 1～10 月中国各省特色蔬菜出口额及同比增减情况

单位：万美元,%

省份	辛辣蔬菜			水生蔬菜		
	2019 年	2020 年	同比增减	2019 年	2020 年	同比增减
北京	985.5	1294.2	31.33	5.40	6.80	26.30
天津	1243.7	1335.6	7.39	0.00	0.00	0.00
河北	4666.5	5355.0	14.75	1.00	0.01	-99.02
山西	45.6	304.9	568.93	0.00	0.00	0.00
内蒙古	4809.7	5639.5	17.25	3.90	8.70	125.92
辽宁	1585.5	1252.8	-20.98	3.00	0.00	-100.00
吉林	303.3	53.8	-82.25	0.00	0.00	0.00
黑龙江	4325.3	4075.3	-5.78	2.60	0.40	-83.37
上海	2680.1	3112.4	16.13	56.10	44.90	-19.94
江苏	24706.0	22421.6	-9.25	251.30	231.50	-7.88
浙江	1084.3	2167.1	99.85	527.10	427.00	-18.99
安徽	1406.5	1527.9	8.63	176.20	148.30	-15.82
福建	3676.2	3877.0	5.46	184.40	253.60	37.54
江西	323.5	156.9	-51.51	6.90	0.00	-100.00
山东	198899.1	228861.1	15.06	5355.40	5288.10	-1.26
河南	17690.0	17168.6	-2.95	6.60	2.50	-61.52
湖北	763.9	375.1	-50.90	20.60	14.40	-29.99
湖南	4012.5	7505.6	87.05	494.80	706.70	42.81
广东	9452.4	8895.9	-5.89	659.10	890.20	35.07
广西	43066.7	33321.5	-22.63	846.90	854.50	0.90
海南	969.9	744.4	-23.24	0.00	0.00	0.00
重庆	669.1	266.5	-60.17	0.21	0.07	-65.25
四川	179.4	389.4	117.01	0.50	3.70	577.57
贵州	24.4	0.0	-100.00	21.00	0.00	-100.00
云南	18437.5	22870.6	24.04	768.10	674.20	-12.23
西藏	331.1	131.7	-60.22	0.00	0.00	0.00
陕西	240.0	245.3	2.22	0.00	0.00	0.00
甘肃	1240.8	1586.3	27.85	11.40	1.50	-86.47
青海	0.0	0.0	0.00	0.00	0.00	0.00
宁夏	14.8	200.5	1256.80	4.60	4.70	2.51
新疆	1344.1	2377.7	76.90	0.47	0.05	-89.82

资料来源：根据"海关统计数据查询平台"数据整理计算所得。

2020 年 1~10 月,辛辣蔬菜出口额同比增长排名前五位的省份为宁夏 (1256.80%)、山西 (568.93%)、四川 (117.01%)、浙江 (99.85%) 和湖南 (87.05%),排名后五位的省份为贵州 (-100%)、吉林 (-82.25%)、西藏 (-60.22%)、重庆 (-60.17%) 和江西 (-51.51%)。

可见,在疫情期间,我国辛辣蔬菜主要出口大省的出口创汇并未受到太大冲击,相反,山东、云南、湖南省份的出口额反而再创新高,其中,山东作为辛辣蔬菜生产大省,2020 年 1~10 月出口额占全国总额的 60.62%,其中,大蒜、生姜和辣椒出口额就占全国56.15%,占全省辛辣蔬菜出口总额的 92.62%,这三类产品出口额均高于上年同期水平,分别同比增长 16.47%、25.81% 和 9.84%,成为山东省乃至全国辛辣蔬菜出口创汇的重要支撑,如图 2-10 所示。

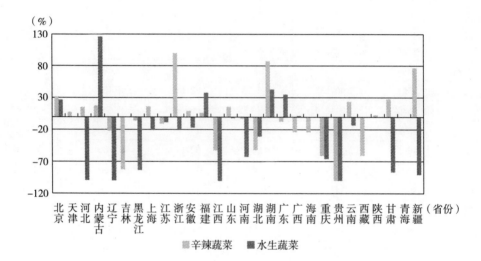

图 2-10　2020 年 1~10 月中国各省特色蔬菜出口额同比增减情况①

(二) 各省水生蔬菜出口贸易形势

2020 年 1~10 月,水生蔬菜出口额排名前十的省份为山东、广东、广西、湖南、云南、浙江、福建、江苏、安徽和上海,出口额达 0.9519 亿美元,占全国出口总额的99.55%,同比增长 2.14%。其中,广东、广西、湖南和福建出口额高于上年同期水平,同比增长率分别为 35.07%、0.90%、42.81% 和 37.54%;山东、云南、浙江、江苏、安徽和上海出口额低于上年同期水平,同比增长率分别为 -1.26%、-12.23%、-18.99%、-7.88%、-15.82% 和 -19.94%。

2020 年 1~10 月,水生蔬菜出口额同比增长排名前五的省份为四川 (577.57%)、内

---

① 由于山西、宁夏辛辣蔬菜及四川水生蔬菜的同比增长率异常高于其他省份,影响图形显示,因此图 2-10 将这三个省 (自治区) 剔除。

蒙古（125.92%）、湖南（42.81%）、福建（37.54%）和广东（35.07%），排名后五的省份为贵州（-100%）、江西（-100%）、辽宁（-100%）、河北（-99.02%）和新疆（-89.82%）。

可见，疫情对我国水生蔬菜出口创汇的影响较为有限，在水生蔬菜出口创汇排名前列的省份中，2020年1~10月，广东、湖南和福建的芋头、莲藕和荸荠的出口额均同比增长，其中广东荸荠同比增长73.37%、湖南芋头同比增长242.61%、福建莲藕同比增长92.36%；山东作为水生蔬菜出口大省，占主要比重的芋头和莲藕略有下浮，但荸荠同比增长238.47%；另外，广西莲藕和荸荠也高于上年同期水平。这些省份成为拉动全国水生蔬菜出口创汇的主要力量。

四、疫情对我国特色蔬菜出口贸易伙伴的影响

（一）辛辣蔬菜出口贸易伙伴变化

2020年1~10月，我国大葱出口流向按出口额排名前十的国家和地区，如表2-10所示。我国对前十位国家和地区的鲜青葱出口额为2134.8万美元，占出口总额的99.99%，同比减少14.74%；鲜大葱出口额为3296.3万美元，占出口总额的99.66%，同比减少13.14%。日本为我国大葱最主要的出口市场，其中，鲜青葱出口额为1621.7万美元，占我国出口总额的75.96%，同比减少10.25%；鲜大葱出口额为2766.4万美元，占我国出口总额的83.64%，同比减少16.22%。可见，受疫情影响，日本对大葱需求减少，造成我国大葱出口额整体下降，这种过于单一的出口市场结构非常不利于中国大葱的外贸发展。一方面，我国要实时把握日本需求动向，积极调整或改进国内大葱品质；另一方面，要勇于创新，不断开发大葱系列产品，拓宽销售渠道，促进出口市场的多元化发展。

表2-10 2020年1~10月中国大葱主要出口的国家和地区分布及变化情况

单位：万美元,%

排名	鲜青葱				鲜大葱			
	国家和地区	出口额	比重	位次	国家和地区	出口额	比重	位次
1	日本	1621.7	75.96	不变	日本	2766.4	83.64	不变
2	中国香港	340.3	15.94	不变	韩国	237.5	7.18	不变
3	越南	62.9	2.94	升1	俄罗斯	71.3	2.16	不变
4	泰国	56.4	2.64	降1	马来西亚	66.0	1.99	升1
5	中国澳门	24.8	1.16	不变	新加坡	63.8	1.93	降1
6	马来西亚	14.0	0.66	不变	加拿大	47.4	1.43	不变
7	老挝	6.3	0.29	不变	越南	17.8	0.54	升1

续表

排名	鲜青葱				鲜大葱			
	国家和地区	出口额	比重	位次	国家和地区	出口额	比重	位次
8	新加坡	5.4	0.25	升2	蒙古	14.5	0.44	降1
9	加拿大	2.3	0.11	降1	阿联酋	6.6	0.20	升1
10	俄罗斯	0.8	0.04	升1	中国香港	5.0	0.15	升1
	合计	2134.8	99.99		合计	3296.3	99.66	

资料来源：根据"海关统计数据查询平台"数据整理计算所得。

2020 年 1~10 月，我国生姜出口流向按出口额排名前十的国家和地区，如表 2-11 所示。我国对前十位国家的未磨生姜出口额为 41874.9 万美元，占出口总额的 74.16%，同比增长 19.12%；荷兰排名保持第一位，出口额同比增长 37.06%，占比 14.76%；阿联酋排名上升 4 位，越南排名下降 4 位，其余国家位次有小幅调整。我国对前十位国家和地区的已磨生姜出口额为 2458.9 万美元，占出口总额的 89.26%，同比增长 1.69%；日本排名保持第一位，出口额同比增长 8.74%，占比 43.41%；以色列排名上升 6 位，瑞典排名上升 31 位，其余国家和地区位次变化不大。总体上看，我国未磨生姜出口市场呈现多元化，分布较为广泛，涉及欧美、东亚和东南亚各地区，市场份额较为均匀，这将有利于中国未磨生姜出口的稳定性。在疫情蔓延的情况下，国外对未磨生姜的强烈需求拉动了生姜价格的上升，出口额显著提升。我国已磨生姜出口主要面向发达国家，已磨生姜属于初级加工品，产品附加值较高，是拓展发达国家市场的重要产品类型。

表 2-11 2020 年 1~10 月中国生姜主要出口的国家和地区分布及变化情况

单位：万美元,%

排名	未磨生姜				已磨生姜			
	国家和地区	出口额	比重	位次	国家和地区	出口额	比重	位次
1	荷兰	8334.4	14.76	不变	日本	1195.8	43.41	不变
2	美国	5956.9	10.55	升1	美国	406.4	14.75	不变
3	巴基斯坦	5346.9	9.47	降1	荷兰	260.8	9.47	升2
4	阿联酋	4006.2	7.09	升4	英国	162.8	5.91	不变
5	马来西亚	3944.8	6.99	升1	德国	147.6	5.36	降2
6	孟加拉国	3476.6	6.16	降2	韩国	83.7	3.04	不变
7	日本	3088.9	5.47	降2	以色列	54.7	1.99	升6
8	沙特阿拉伯	2887.4	5.11	升1	瑞典	51.4	1.86	升31
9	英国	2659.6	4.71	升1	法国	49.5	1.80	不变
10	越南	2173.1	3.85	降4	加拿大	46.2	1.68	升2
	合计	41874.9	74.16		合计	2458.9	89.26	

资料来源：根据"海关统计数据查询平台"数据整理计算所得。

2020 年 1~10 月，我国大蒜出口流向按出口额排名前十的国家和地区，如表 2 - 12 所示。我国对前十位国家和地区的鲜蒜头出口额为 104317.6 万美元，占出口总额的 68.81%，同比增长 4.29%；印度尼西亚和越南排名保持前两位，出口额分别同比减少 10.7% 和 2%；巴基斯坦排名上升 6 位，泰国排名下降 3 位。我国对前十位国家和地区的其他鲜大蒜出口额为 7214.0 万美元，占出口总额的 95.09%，同比减少 26.65%；前五位均为发达国家，位次保持不变，出口额均低于上年同期水平，美国为主要市场，占比达 44.89%。我国对前十位国家和地区的干大蒜出口额为 32415.0 万美元，占出口总额的 78.05%，同比增长 29.20%；美国为主要市场，占比为 41.62%，同比增长 47.06%，是拉动干大蒜出口额的主要力量。

表 2 - 12　2020 年 1~10 月中国大蒜主要出口的国家和地区分布及变化情况

单位：万美元，%

排名	鲜蒜头				其他鲜大蒜				干大蒜			
	国家和地区	出口额	比重	位次	国家和地区	出口额	比重	位次	国家和地区	出口额	比重	位次
1	印度尼西亚	28532.9	18.82	不变	美国	3405.6	44.89	不变	美国	17285.9	41.62	不变
2	越南	24747.6	16.32	不变	日本	1093.5	14.41	不变	日本	3786.3	9.12	不变
3	巴西	9770.5	6.44	升1	加拿大	840.9	11.08	不变	巴西	2623.5	6.32	升2
4	马来西亚	8223.9	5.42	降1	荷兰	570.5	7.52	不变	德国	2168.7	5.22	降1
5	巴基斯坦	6069.6	4.00	升6	澳大利亚	515.1	6.79	不变	加拿大	1544.9	3.72	降1
6	孟加拉国	5862.6	3.87	升1	新加坡	230.7	3.04	升1	荷兰	1461.5	3.52	升1
7	菲律宾	5832.1	3.85	降1	英国	200.1	2.64	降1	俄罗斯	1032.4	2.49	升1
8	泰国	5424.0	3.58	降3	阿联酋	170.3	2.24	不变	印度尼西亚	931.6	2.24	降2
9	阿联酋	5100.9	3.36	降1	俄罗斯	94.0	1.24	升1	比利时	804.3	1.94	不变
10	俄罗斯	4753.5	3.14	升2	波多黎各	93.1	1.23	降1	南非	775.8	1.87	升4
	合计	104317.6	68.81		合计	7214.0	95.09		合计	32415.0	78.05	

资料来源：根据"海关统计数据查询平台"数据整理计算所得。

总体上看，我国鲜蒜头出口市场主要集中于东南亚地区，市场份额较为均匀，有利于鲜蒜头出口市场的稳定。其他鲜大蒜和干大蒜的出口主要面向发达国家，市场集中度较高，近半数出口依赖美国市场，在疫情蔓延等不确定的影响下，该市场结构极易影响该产品的出口稳定性。

2020 年 1~10 月，我国辣椒出口流向按出口额排名前十的国家和地区，如表 2 - 13 所示。我国对前十位国家和地区的鲜辣椒出口额为 10327 万美元，占出口总额的 98.83%，同比增长 29.83%；俄罗斯和泰国排名保持前两位，占比达一半以上，俄罗斯出口额同比减少 15.53%，泰国同比增加 83.24%；乌兹别克斯坦排名上升 13 位。我国对前十位国家和地区的未磨干辣椒出口额为 9854.6 万美元，占出口总额的 93.85%，同比减少 15.78%；前三位为墨西哥、马来西亚和泰国，位次保持不变；新加坡排名上升 4 位，朝鲜排名下降 5 位。我国对前十位国家和地区的已磨干辣椒出口额为 26491.0 万美元，占出口总额的 76.35%，同比增长 15.89%，西班牙、美国和日本稳居前三位。

总体上看，我国鲜辣椒主要出口至周边接壤国家，内蒙古和黑龙江主要出口至俄罗斯，云南主要出口至泰国和越南，这与鲜辣椒保鲜的特殊性有关；未磨干辣椒出口市场主要集中于北美、东南亚和东亚地区；已磨干辣椒出口市场分布最为广泛，且市场集中度较低，发达国家比重相对较高。

表 2-13　2020 年 1~10 月中国辣椒主要出口的国家和地区分布及变化情况

单位：万美元,%

排名	鲜辣椒			未磨干辣椒				已磨干辣椒			
	国家和地区	出口额	比重	位次	国家和地区	出口额	比重	位次	国家和地区	出口额	比重	位次
1	俄罗斯	3822.3	36.58	不变	墨西哥	3045.3	29.00	不变	西班牙	9294.3	26.79	不变
2	泰国	2558.4	24.49	不变	马来西亚	2539.5	24.18	不变	美国	3978.9	11.47	不变
3	中国香港	1297.9	12.42	升1	泰国	1427.8	13.60	不变	日本	3229.3	9.31	不变
4	越南	997.9	9.55	降1	日本	868.2	8.27	升2	马来西亚	2509.4	7.23	不变
5	哈萨克斯坦	765.2	7.32	不变	美国	776.8	7.40	不变	韩国	1683.6	4.85	升1
6	马来西亚	457.4	4.38	不变	印度尼西亚	466.4	4.44	升3	德国	1647.4	4.75	升1
7	蒙古	274.0	2.62	不变	韩国	410.0	3.90	不变	泰国	1340.1	3.86	降2
8	中国台湾	68.5	0.66	不变	西班牙	138.7	1.32	不变	南非	1099.0	3.17	升2
9	吉尔吉斯斯坦	46.2	0.44	不变	朝鲜	94.9	0.90	降5	墨西哥	874.3	2.52	不变
10	乌兹别克斯坦	39.2	0.37	升13	新加坡	86.9	0.83	升4	以色列	834.7	2.41	升1
	合计	10327.0	98.83		合计	9854.6	93.85		合计	26491.0	76.35	

资料来源：根据"海关统计数据查询平台"数据整理计算所得。

2020 年 1~10 月，我国洋葱和芥菜出口流向按出口额排名前十的国家和地区，如表 2-14 所示。我国对前十位国家和地区的鲜洋葱出口额为 33857.3 万美元，占出口总额的 95.15%，同比减少 19.56%；对前三位国家和地区的越南、日本和马来西亚的出口额均同比缩减；孟加拉国排名上升 12 位，菲律宾排名上升 5 位。我国对前十位国家和地区的干洋葱出口额为 3050.6 万美元，占出口总额的 73.49%，同比增长 72.02%；美国位居第一，荷兰上升 5 位，波多黎各上升 10 位。我国对前十位国家和地区的鲜芥菜出口额为 16631.2 万美元，占出口总额的 99.33%，同比增长 9.57%；中国香港、越南和泰国稳居前三位，对中国香港的出口额同比增长 41.73%。

表 2 - 14　2020 年 1 ~ 10 月中国洋葱和芥菜主要出口的国家和地区分布及变化情况

单位：万美元,%

排名	鲜洋葱				干洋葱				鲜芥菜			
	国家和地区	出口额	比重	位次	国家和地区	出口额	比重	位次	国家和地区	出口额	比重	位次
1	越南	18001.4	50.59	不变	美国	808.9	19.49	不变	中国香港	6538.3	39.05	不变
2	日本	6781.2	19.06	不变	荷兰	328.1	7.90	升5	越南	4705.4	28.10	不变
3	马来西亚	1913.6	5.38	不变	德国	323.1	7.78	升1	泰国	2100.1	12.54	不变
4	泰国	1755.8	4.93	升2	澳大利亚	293.5	7.07	降1	马来西亚	1276.0	7.62	升1
5	俄罗斯	1425.2	4.01	不变	日本	286.1	6.89	降3	俄罗斯	1064.5	6.36	降1
6	中国香港	1075.0	3.02	降2	印度尼西亚	264.8	6.38	升3	新加坡	341.8	2.04	不变
7	菲律宾	1056.4	2.97	升5	菲律宾	224.8	5.41	降2	日本	329.7	1.97	不变
8	韩国	692.9	1.95	不变	巴西	220.0	5.30	降2	韩国	185.4	1.11	升5
9	孟加拉国	642.2	1.80	升12	韩国	178.1	4.29	降1	阿联酋	54.6	0.33	不变
10	印度尼西亚	513.8	1.44	降1	波多黎各	123.2	2.97	升10	加拿大	35.4	0.21	降2
	合计	33857.3	95.15		合计	3050.6	73.49		合计	16631.2	99.33	

资料来源：根据"海关统计数据查询平台"数据整理计算所得。

（二）水生蔬菜出口贸易伙伴变化

2020 年 1 ~ 10 月，我国水生蔬菜出口流向按出口额排名前十的国家和地区，如表 2 - 15 所示。我国对前十位国家和地区的芋头出口额为 5858.0 万美元，占出口总额的 97.33%，同比减少 1.04%；日本为主要市场，出口额占比达 67.91%，同比减少 4.8%。我国对前十位国家和地区的莲藕出口额为 2625.4 万美元，占出口总额的 95.53%，同比增加 6.28%；日本、马来西亚、美国和新加坡为主要市场，除日本同比缩减外，其他主要市场均同比增长。我国对前十位国家和地区的荸荠出口额为 782.5 万美元，占出口总额的 98.45%，同比增加 9.96%；越南为主要市场，占比超过一半；除日本同比缩减外，其他国家和地区均同比增长。可见，疫情期间，我国水生蔬菜出口市场并未发生太多变动，总体形势较为稳定。

表 2 - 15　2020 年 1 ~ 10 月中国水生蔬菜主要出口的国家和地区分布及变化情况

单位：万美元,%

排名	芋头				莲藕				荸荠			
	国家和地区	出口额	比重	位次	国家和地区	出口额	比重	位次	国家和地区	出口额	比重	位次
1	日本	4087.4	67.91	不变	日本	798.6	29.06	不变	越南	419.9	52.83	不变
2	越南	568.9	9.45	不变	马来西亚	550.9	20.05	不变	马来西亚	110.8	13.94	不变
3	沙特阿拉伯	309.1	5.14	升2	美国	388.2	14.13	不变	新加坡	104.3	13.13	不变
4	阿联酋	294.3	4.89	降1	新加坡	386.5	14.07	不变	中国台湾	69.7	8.77	不变

续表

排名	芋头				莲藕				荸荠			
	国家和地区	出口额	比重	位次	国家和地区	出口额	比重	位次	国家和地区	出口额	比重	位次
5	马来西亚	156.6	2.60	升1	加拿大	119.5	4.35	升2	美国	37.2	4.68	不变
6	美国	156.4	2.60	降2	泰国	96.7	3.52	不变	日本	12.5	1.58	不变
7	中国香港	126.4	2.10	升1	越南	85.8	3.12	降2	加拿大	10.0	1.26	不变
8	加拿大	69.3	1.15	降1	荷兰	83.2	3.03	升1	中国澳门	7.3	0.92	不变
9	荷兰	47.5	0.79	不变	韩国	73.1	2.66	降1	中国香港	5.7	0.72	升1
10	卡塔尔	42.2	0.70	不变	澳大利亚	42.8	1.56	不变	荷兰	5.2	0.65	升1
	合计	5858.0	97.33		合计	2625.4	95.53		合计	782.5	98.45	

资料来源：根据"海关统计数据查询平台"数据整理计算所得。

五、我国特色蔬菜出口应对疫情影响的对策建议

（一）推进特色蔬菜产品高质量发展

从短期来看，疫情对我国特色蔬菜贸易的顺利开展造成了较大的冲击，但我国特色蔬菜的绝对市场支配地位，抵消了部分中长期负面影响。在全球市场低迷的形势下，提高特色蔬菜质量和附加值是进一步突破国际市场的重要手段。首先，在生产加工方面，我国特色蔬菜需要加强育种育苗、智能环控、水肥一体化等技术创新，扶持特色蔬菜产业经济高质量发展。其次，要加强冷链物流建设，提升特色蔬菜保鲜能力，制定统一冷链物流产品质量标准，防止途中温度改变，导致损害增加。最后，质量追溯技术也需要加强，充分利用其可追溯性强、无法篡改等特点，进一步保证特色蔬菜产品质量，持续提高特色蔬菜产品的国际竞争力，应对疫情的负面冲击。

（二）完善特色蔬菜市场应急预警机制

应对疫情等重大风险，需要建立并完善产品应急预警机制。首先，要不断完善蔬菜田头价格、批发价格和零售价格，规范采集标准，打造蔬菜产业数据链，提高数据资源可用性、共享性和可拓展性。其次，完善特色蔬菜信息分析平台，着力打造"消费确定生产"作用链，注重消费引导确定生产，形成一个新的供应链条。最后，完善特色蔬菜产销信息服务制度，打造"信息引导生产"传导链，着力提升信息服务标准化、智能化、智慧化，使蔬菜产业进一步完善。

（三）加强国内特色蔬菜生产支持力度

在当前全球疫情蔓延、各国限制措施不断出台、影响复杂多变的情况下，国际市场的

不稳定性增强。在这样一个特殊时期，政府应该切实加大对国内特色蔬菜生产的引导和支持力度，充分调动菜农及其他经营主体的生产积极性，提高特色蔬菜流通效率，确保"菜篮子"市长负责制落实落地，切实保障特色蔬菜的稳定充足供应。

（四）妥善应对特色蔬菜贸易限制措施

针对有关国家或地区采取的贸易限制措施，尽快通过国际组织和外交渠道进行交涉与谈判，妥善处理并尽早达成谅解；科学分析因疫情导致的新增特色蔬菜技术性贸易壁垒，增加对国内特色蔬菜贸易商的经济支持；加强对疫情发生国家或地区的物资出口，营造更有利的特色蔬菜乃至整个农产品国际贸易环境，积极推动贸易开放和市场稳定。

第三章　2020 年度中国特色蔬菜全要素生产率研究

提高农业要素生产率是实现农业产业振兴的关键，也是实现农业现代化和推动农业高质量发展的重要抓手。农业全要素生产率是衡量农业科学进步对经济增长贡献程度的重要指标，是提高农业要素配置效率、促进农业经济快速增长的强大动力。特色蔬菜实现高质量发展迫切要求提高全要素生产率。报告运用 2016～2020 年特色蔬菜产业体系收集的成本收益问卷数据，基于非参估计数据包络法（DEA）测算特色蔬菜生产效率，并通过 DEA－Malmquist 指数法对其全要素生产率指数进行分解，旨在了解特色蔬菜资源综合配置效率情况。

一、方法选择与数据说明

（一）方法选择

数据包络分析方法（DEA）作为一种非参数估计方法，在处理多投入多产出的有效性方面有着绝对的优势：不需要一个预先已知的生产函数，不必人为事先确定各指标的权重，不受测量单位变化的影响，具有更强的客观性。本报告采用多阶段的 DEA 方法进行测算，结果中 crste 为技术效率又称为综合效率，vrste 为纯技术效率，scale 为规模效率（drs：表示规模报酬递减；－：表示规模报酬不变；irs：表示规模报酬递增）。报告计算过程采用产出导向，即假设不改变投入条件下，如何使产出最大化。

全要素生产率（TFP）是经济增长的动力，主要来自于两部分，一部分是技术进步的变化，另一部分是技术效率的改善。技术进步指的是同样的投入组合生产更多的产出，或更少的投入获得同样的产出。技术效率的改善本质上是在现有技术水平下改善各种资源要素的协调性，技术效率的变化又可以分解为纯技术效率的变化和规模效率的变化。Malmquist 指数法是基于 DEA 提出的，用于测量全要素生产率 TFP（Total Factor Productivity）的变化。

本报告采用 DEA－Malmquist 指数法来计算特色蔬菜的全要素生产率指数及资源配置效率情况。effch 表示综合效率变化，techch 表示技术进步变化，pech 表示纯技术效率变化，sech 表示规模效率变化，tfpch 表示全要素生产率变化。全要素生产率（TFP）可分解为综合效率变化 effch（指数）与技术进步变化 techch（指数）乘积，即 TFP = effch × techch。其中，综合效率指数（effch）又可以分解为纯技术效率指数（pech）与规模效率（sech）指数乘积，即 TFP = techch × pech × sech。

Malmquist 指数的全要素生产率计算公式为：

$$M_0(X_s, Y_s, X_t, Y_t) = \left[\frac{d_o^s(X_t, Y_t)}{d_o^s(X_s, Y_s)} \times \frac{d_o^t(X_t, Y_t)}{d_o^t(X_s, Y_s)} \right]^{\frac{1}{2}}$$

$$= \frac{d_o^t(X_t, Y_t)}{d_o^s(X_s, Y_s)} \times \left[\frac{d_o^s(X_t, Y_t)}{d_o^s(X_s, Y_s)} \times \frac{d_o^s(X_t, Y_t)}{d_o^t(X_s, Y_s)} \right]^{\frac{1}{2}} = \text{effch} \times \text{tch}$$

（二）数据说明

国家特色蔬菜产业技术体系自成立后开始积累历年特色蔬菜投入产出数据，目前，共通过全国 26 个试验站建立不同品种的固定监测点收集到 2016 ~ 2020 年的特色蔬菜投入产出数据。基于数据可获得性原则，本报告所采用的数据来源如下：

大蒜数据来自山东、河北、安徽、甘肃、黑龙江、云南、四川。

生姜数据来自山东、安徽、河北、湖北、四川、福建。

辣椒计算过程中以鲜辣椒和干辣椒进行划分，分别以分省份和分片区数据计算其全要素生产率。分省份干辣椒数据来自山东、河南、新疆、内蒙古、重庆、贵州；分省份鲜辣椒数据来自黑龙江、甘肃、重庆、江西、云南；分片区干辣椒数据来自西南片区、黄淮海片区、西南片区；分片区鲜辣椒数据来自东北片区、西北片区、黄淮海片区、西南片区、中南片区、华东片区。

本报告选择 1 个产出指标和 3 个投入指标，如表 3 - 1 所示。

表 3 - 1 指标说明

	名称	说明与数据来源	单位
产出指标	产量	单位面积的产量	千克/亩
投入指标	每亩物质与服务费用	单位面积的物质与服务费用，包括种子费、化肥费、农家肥费、农膜费、机械作业费、固定资产折旧、销售费用等	元/亩
	每亩人工成本	单位面积人工成本，包括家庭用工和雇工费用等	元/亩
	每亩土地成本	单位面积土地成本为投入变量，土地成本包括土地流转租金与自营地折租	元/亩

二、大蒜全要素生产率测算及变动分析

（一）大蒜生产效率分析

从大蒜生产综合效率来看，2020 年统计的 7 个省份综合效率平均值为 0.747，处于无效阶段，纯技术效率和规模效率平均值均尚未达到最优。具体来看，甘肃、黑龙江综合效率达到最优 DEA 有效，说明投入要素使用合理，投入产出有效。山东、河北、安徽、云南、四川非 DEA 有效。

从综合效率分解来看，甘肃、黑龙江纯技术效率和规模效率均能达到最优，当前处于规模收益不变阶段。山东、云南纯技术效率达到最优，综合效率主要受到规模效率的影响，两省处于递减的规模报酬阶段。河北综合效率为 0.689，综合效率受到纯技术效率和规模效率的综合影响。安徽综合效率为 0.702，综合效率偏低受到纯技术效率和规模效率的综合影响。四川综合效率仅为 0.241，较低的综合效率受到纯技术效率和规模效率的综合影响，其中纯技术效率较低是主要制约因素，该省当前处于规模收益递减阶段，如表3 –2 所示。

表 3 – 2　2020 年大蒜分省份生产效率

firm	综合效率 crste	纯技术效率 vrste	规模效率 scale	规模收益
山东	0.910	1.000	0.910	递减
河北	0.689	0.852	0.809	递减
安徽	0.702	0.859	0.817	递减
甘肃	1.000	1.000	1.000	不变
黑龙江	1.000	1.000	1.000	不变
云南	0.689	1.000	0.689	递减
四川	0.241	0.311	0.774	递减
mean	0.747	0.860	0.857	

（二）大蒜全要素生产率变化分析

根据 Malmquist 指数法，采用可变规模报酬（vrs）产出导向法（Output Orientated），计算大蒜全要素生产率变化 TFP 及其构成。2016 ~ 2020 年，大蒜全要素生产率变化幅度较大，年均增长率为 1.4%。全要素生产率变化受到综合效率和技术进步共同影响，其中综合效率年均增长率为 – 3.0%，技术进步年均增长率为 4.5%，说明研究期内（2016 ~

2020 年）技术进步对大蒜 TFP 增长起到很大拉动作用。

从年度时序变化分析来看，2016～2017 年全要素生产率指数增长 1.5%，综合效率指数增长率为 10.1%，技术进步变化增长率为 –7.8%，说明此时期技术效率对全要素生产率的提高起主要拉动作用。2017～2018 年全要素生产率指数增长 63.1%，其中技术进步指数高达 2.067，综合效率指数仅为 0.789，说明新技术的引进进一步弥补了技术效率指数的降低，极大推动大蒜全要素生产率的提升。经过一年高速增长后，2018～2019 年，技术进步指数回落至 0.700，纯技术效率变化指数（1.033）未出现大幅度波动，当年全要素生产率指数为 0.703。2019～2020 年，全要素生产率指数增长率为 –9.1%，负增长的原因主要是技术进步指数增长率（–10.7%）呈现较高负增长。综合来看，2020 年大蒜的综合效率指数较为稳定，全要素生产率指数下降主要归因于技术进步指数的下降，如表 3 –3 和图 3 –1 所示。

表 3 – 3   2016～2020 年大蒜全要素生产率指数及其分解

年份	综合效率指数 effch	技术进步指数 techch	纯技术效率指数 pech	规模效率指数 sech	全要素生产率指数 tfpch
2017/2016	1.101	0.922	0.968	1.137	1.015
2018/2017	0.789	2.067	0.848	0.931	1.631
2019/2018	1.004	0.700	1.033	0.972	0.703
2020/2019	1.017	0.893	1.009	1.008	0.909
mean	0.970	1.045	0.962	1.009	1.014

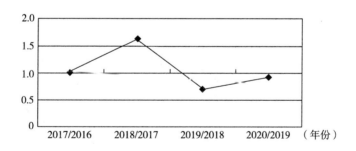

图 3 – 1   2016～2020 年大蒜全要素生产率指数波动

从各省份全要素生产率的空间分布特征来看，整个研究期内山东、河北、安徽、甘肃、黑龙江全要素生产率处于增长阶段，增长率分别为 3.3%、2.4%、5.4%、14.8% 和 4.2%。云南全要素生产率指数变动下降 0.3%，变动幅度较小。四川全要素生产率指数年均下降 17.1%，全要素生产率指数下降主要原因是纯技术效率指数的降低（–20.9%），如表 3 –4 和图 3 –2 所示。

表 3 - 4   2016 ～ 2020 年大蒜全要素生产率指数空间特征

firm	综合效率指数 effch	技术进步指数 techch	纯技术效率指数 pech	规模效率指数 sech	全要素生产率指数 tfpch
山东	0.977	1.057	1.000	0.977	1.033
河北	0.998	1.027	0.961	1.038	1.024
安徽	1.016	1.038	0.963	1.055	1.054
甘肃	1.037	1.107	1.000	1.037	1.148
黑龙江	1.000	1.042	1.000	1.000	1.042
云南	0.998	0.999	1.038	0.961	0.997
四川	0.791	1.048	0.791	1.000	0.829
mean	0.970	1.045	0.962	1.009	1.014

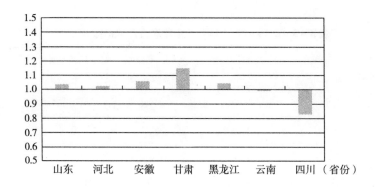

图 3 - 2   2020 年各省大蒜全要素生产率指数

三、生姜全要素生产率测算及变动分析

（一）生姜生产效率分析

从生姜生产综合效率来看，2020 年统计的 6 个省份的综合效率平均值为 0.764，处于无效阶段，纯技术效率和规模效率均未达到最优，纯技术效率均值低于规模效率均值。具体来看，安徽、河北综合效率达到最优，说明其投入产出有效，两省纯技术效率和规模效率都达到了最优的要素配置，处于规模收益不变阶段。山东、湖北、四川、福建非 DEA 有效。

从综合效率分解来看，湖北纯技术效率达到最优，综合效率主要受到规模效率的影响，处于规模收益递增阶段。山东综合效率为 0.565，处于规模递减的收益阶段，纯技术效率低于规模效率。四川综合效率为 0.795，处于规模收益递减阶段，其规模效率为 0.940，接近生产要素前沿面，但纯技术效率较低。福建综合效率为 0.453，处于递增的规模收益阶段，其纯技术效率水平较低（0.511），如表 3-5 所示。

表 3-5 2020 年生姜分省份生产效率

firm	综合效率 crste	纯技术效率 vrste	规模效率 scale	规模收益
山东	0.565	0.699	0.808	递减
安徽	1.000	1.000	1.000	不变
河北	1.000	1.000	1.000	不变
湖北	0.768	1.000	0.768	递增
四川	0.795	0.846	0.940	递减
福建	0.453	0.511	0.887	递增
mean	0.764	0.843	0.901	

（二）生姜全要素生产率变化分析

根据 Malmquist 指数法，采用可变规模报酬（vrs）产出导向法（Output Orientated），计算生姜全要素生产率变化 TFP 及其构成。2016~2020 年，生姜全要素生产率波动幅度较大，年均增长率为 1.3%。主要是综合效率和技术进步共同变化的结果，其中综合效率年均增长率为 9.4%，技术进步年均增长率为 -7.4%，说明生姜 TFP 增长主要依靠综合效率的增长。

从年度时序变化分析来看，2016~2017 年、2017~2018 年、2019~2020 年全要素生产率指数分别增长 22.9%、1.4%、1.9%，全要素生产率指数出现较高增长是因为生姜技术效率指数的较大增长。2018~2019 年全要素生产率指数为 0.829，增长 -17.1%，本年度技术进步指数增长 3.9%，综合效率指数增长 -20.2%，综合效率指数呈现负增长主要是受到规模效率降低的影响。规模效率指数的增长是 2019~2020 年生姜全要素生产率增长的主要因素，如表 3-6 和图 3-3 所示。

表 3-6 2016~2020 年生姜全要素生产率指数及其分解

年份	综合效率指数 effch	技术进步指数 techch	纯技术效率指数 pech	规模效率指数 sech	全要素生产率指数 tfpch
2017/2016	1.401	0.877	1.245	1.125	1.229
2018/2017	1.081	0.938	1.168	0.925	1.014
2019/2018	0.798	1.039	1.025	0.778	0.829
2020/2019	1.185	0.860	0.887	1.336	1.019
mean	1.094	0.926	1.072	1.020	1.013

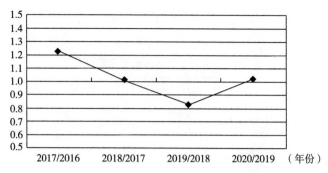

图 3 - 3 2016~2020 年生姜全要素生产率指数波动

从各省份全要素生产率的空间分布特征来看，整个研究期内安徽、四川、福建全要素生产率指数处于增长阶段，年均增长率分别为 56.5% 、2.1% 、8.2% ，安徽全要素生产率指数增幅较大主要得益于综合效率的增长。

整个研究期内山东、河北、湖北全要素生产率指数处于下降阶段，增长率分别为 -15.7% 、 -1.6% 、 -24.7% 。湖北全要素生产率指数（0.753）下降明显，主要因为湖北的综合效率指数和技术进步指数均表现出不同程度的下降，其中技术进步指数下降幅度高达 19.6% ，如表 3 -7 和图 3 -4 所示。

表 3 -7 2016~2020 年生姜全要素生产率指数空间特征

firm	综合效率指数 effch	技术进步指数 techch	纯技术效率指数 pech	规模效率指数 sech	全要素生产率指数 tfpch
山东	0.867	0.973	0.915	0.948	0.843
安徽	1.556	1.006	1.392	1.118	1.565
河北	1.049	0.938	1.000	1.049	0.984
湖北	0.936	0.804	1.000	0.936	0.753
四川	1.034	0.987	1.034	1.000	1.021
福建	1.251	0.865	1.156	1.082	1.082
mean	1.094	0.926	1.072	1.020	1.013

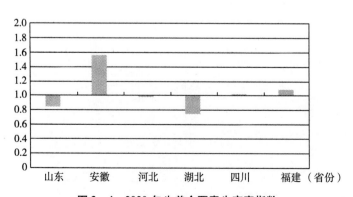

图 3 -4 2020 年生姜全要素生产率指数

四、辣椒全要素生产率测算及变动分析

（一）辣椒生产效率分析

1. 分片区干辣椒生产效率分析

2020年分片区干辣椒综合效率平均值为0.861，尚未达到最优，各片区纯技术效率达到最优。2020年西北片区综合效率、纯技术效率、规模效率均为最优水平，处于规模收益不变阶段。黄淮海片区、西南片区处于规模收益递增阶段，两区域纯技术效率达到最优，综合效率的变化主要受到规模效率的影响，如表3-8所示。

表3-8　2020年分片区干辣椒生产效率

firm	综合效率 crste	纯技术效率 vrste	规模效率 scale	规模收益
西北片区	1.000	1.000	1.000	不变
黄淮海片区	0.942	1.000	0.942	递增
西南片区	0.641	1.000	0.641	递增
mean	0.861	1.000	0.861	

2020年各片区鲜辣椒生产综合效率均值为0.890，尚未达到最优。黄淮海片区、华东片区综合效率达到最优，说明其投入产出有效。东北片区、中南片区纯技术效率达到最优，综合效率主要受到规模效率的影响，两区域处于递增的规模收益阶段。西北片区综合效率为0.959，接近最优，处于规模递增的收益阶段。西南片区规模效率为0.963，接近最优，但其纯技术效率仅为0.523，纯技术效率导致整体综合效率（0.504）处于较低水平，整个区域处于递减的规模收益阶段，如表3-9所示。

表3-9　2020年分片区鲜辣椒生产效率

firm	综合效率 crste	纯技术效率 vrste	规模效率 scale	规模收益
东北片区	0.961	1.000	0.961	递增
西北片区	0.959	0.985	0.974	递增
黄淮海片区	1.000	1.000	1.000	不变
西南片区	0.504	0.523	0.963	递减
中南片区	0.914	1.000	0.914	递增
华东片区	1.000	1.000	1.000	不变
mean	0.890	0.918	0.969	

2. 分省份干辣椒生产效率分析

从分省份干辣椒生产综合效率来看，2020年各省份干辣椒综合效率平均值为0.692，纯技术效率和规模效率均未达到最优，纯技术效率水平高于规模效率水平。具体来看，河南、新疆综合效率达到最优，说明其投入产出有效，处于不变的规模收益阶段。内蒙古、贵州纯技术效率达到最优，较低的综合效率主要受到规模效率的影响，两省当前处于递增的规模收益阶段。山东综合效率处于较低水平（0.471），受到纯技术效率（0.597）和规模效率（0.789）综合影响，其中纯技术效率起主导作用，当前处于规模收益递减阶段。重庆综合效率为 0.466，受到纯技术效率（0.646）和规模效率（0.722）综合影响，其中纯技术效率起主导作用，当前处于规模收益递减阶段，如表 3 - 10 所示。

表 3 - 10　2020 年分省份干辣椒生产效率

firm	综合效率 crste	纯技术效率 vrste	规模效率 scale	规模收益
山东	0.471	0.597	0.789	递减
河南	1.000	1.000	1.000	不变
新疆	1.000	1.000	1.000	不变
内蒙古	0.712	1.000	0.712	递增
重庆	0.466	0.646	0.722	递减
贵州	0.504	1.000	0.504	递增
mean	0.692	0.874	0.788	

从分省份鲜辣椒生产综合效率来看，2020 年统计省份综合效率平均值为 0.849 处于无效阶段，纯技术效率和规模效率均未达到最优，纯技术效率水平低于规模效率水平。具体来看，黑龙江、湖南、甘肃、江西综合效率达到最优，说明其投入产出有效，重庆、云南非 DEA 有效。

从综合效率分解来看，黑龙江、湖南、甘肃、江西纯技术效率和规模效率均能达到最优，当前处于规模收益不变阶段。重庆、云南综合效率较低主要受到纯技术效率的影响，两地区当前处于规模收益递减阶段，如表 3 - 11 所示。

表 3 - 11　2020 年分省份鲜辣椒生产效率

firm	综合效率 crste	纯技术效率 vrste	规模效率 scale	规模收益
黑龙江	1.000	1.000	1.000	不变
湖南	1.000	1.000	1.000	不变
甘肃	1.000	1.000	1.000	不变
重庆	0.623	0.690	0.903	递减
江西	1.000	1.000	1.000	不变
云南	0.470	0.506	0.928	递减
mean	0.849	0.866	0.972	

(二) 辣椒全要素生产率变化分析

1. 分片区干辣椒全要素生产率变化分析

根据 Malmquist 指数法，采用可变规模报酬（vrs）产出导向法（Output Orientated），计算分片区干辣椒和鲜辣椒全要素生产率变化 TFP 指数及其构成。

2016～2020 年，干辣椒全要素生产率变化幅度较大，年均增长率为 3.3%。干辣椒全要素生产率变化受到综合效率和技术进步共同变化的影响，其中综合效率年均增长率为 -4.1%，技术进步年均增长率为 7.7%，说明干辣椒 TFP 增长主要依靠技术进步指数拉动。

从年度时序变化分析来看，2017～2018 年、2018～2019 年全要素生产率指数分别增长 16.3%、54.2%，全要素生产率指数出现较高增长是因为各片区技术进步指数的大幅度增长。2019～2020 年全要素生产率指数增长率为 -11.5%，此年度综合效率指数和技术进步指数均呈现负增长，规模效率指数下降是主要制约因素。研究期内纯技术效率指数未发生明显变动，如表 3-12 和图 3-5 所示。

表 3-12 2016～2020 年分片区干辣椒全要素生产率指数及其分解

年份	综合效率指数 effch	技术进步指数 techch	纯技术效率指数 pech	规模效率指数 sech	全要素生产率指数 tfpch
2017/2016	1.000	0.716	1.000	1.000	0.716
2018/2017	1.000	1.163	1.000	1.000	1.163
2019/2018	0.948	1.626	1.000	0.948	1.542
2020/2019	0.891	0.993	1.000	0.891	0.885
mean	0.959	1.077	1.000	0.959	1.033

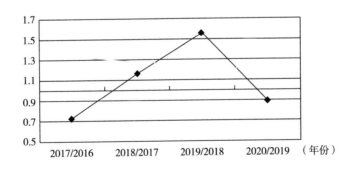

图 3-5 2016～2020 年分片区干辣椒全要素生产率指数波动

从干辣椒分片区全要素生产率空间特征来看，整个研究期内西北片区、西南片区全要素生产率指数呈现正增长，增长率分别为 9.4%、1.2%，正增长主要归因于技术进步指数的增长。黄淮海片区全要素生产率指数呈现小幅度负增长，增长率为 -0.5%，负增长的原因主要由规模效率下降引起，如表 3-13 和图 3-6 所示。

表 3 - 13   2016 ~ 2020 年分片区干辣椒全要素生产率指数空间特征

firm	综合效率指数 effch	技术进步指数 techch	纯技术效率指数 pech	规模效率指数 sech	全要素生产率指数 tfpch
西北片区	1.000	1.094	1.000	1.000	1.094
黄淮海片区	0.985	1.010	1.000	0.985	0.995
西南片区	0.895	1.131	1.000	0.895	1.012
mean	0.959	1.077	1.000	0.959	1.033

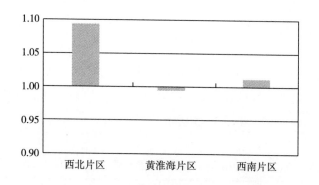

图 3 - 6   2020 年分片区干辣椒全要素生产率指数

2016 ~ 2020 年，鲜辣椒全要素生产率波动幅度较大，年均增长率为 0.5%。分片区鲜辣椒全要素生产率的大幅变动主要是综合效率和技术进步共同变化的结果，其中综合效率年均增长率为 -2.1%，技术进步年均增长率为 2.6%，说明分片区鲜辣椒 TFP 增长主要依靠技术进步指数变动。

从年度时序变化分析来看，2016 ~ 2020 年，分片区鲜辣椒全要素生产率指数呈现"N"形变动。2017 ~ 2018 年、2019 ~ 2020 年全要素生产率指数分别增长 18.4%、12.2%，全要素生产率指数出现较高增长归因于各片区技术进步指数的大幅度增长。2018 ~ 2019 年全要素生产率指数的降低也主要由于技术进步指数大幅下降的结果。因此技术进步仍是提高鲜辣椒全要素生产率的主要动因，如表 3 - 14 和图 3 - 7 所示。

表 3 - 14   2016 ~ 2020 年分片区鲜辣椒全要素生产率指数及其分解

年份	综合效率指数 effch	技术进步指数 techch	纯技术效率指数 pech	规模效率指数 sech	全要素生产率指数 tfpch
2017/2016	0.882	0.998	0.903	0.977	0.881
2018/2017	0.912	1.298	0.962	0.948	1.184
2019/2018	1.130	0.770	1.127	1.003	0.870
2020/2019	1.011	1.110	0.960	1.053	1.122
mean	0.979	1.026	0.985	0.994	1.005

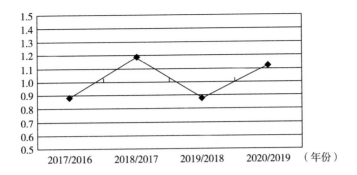

图3-7 2016~2020年分片区鲜辣椒全要素生产率指数波动

从分片区全要素生产率空间特征来看，整个研究期内西北片区、黄淮海片区、中南片区、华东片区鲜辣椒全要素生产率指数呈现正增长，年均增长率分别为4.8%、3.0%、3.8%、5.9%。具体来看，西北片区、黄淮海片区、华东片区全要素生产率指数的增长主要归因于技术进步指数的增长，中南片区全要素生产率指数的增长主要归因于综合效率指数的增长。东北片区、西南片区全要素生产率指数下降，其中东北片区综合效率指数、技术进步指数均呈现小幅度下降，西南片区主要由综合效率指数的降低导致全要素生产率指数呈现大幅下降，如表3-15和图3-8所示。

表3-15 2016~2020年分片区鲜辣椒全要素生产率指数空间特征

firm	综合效率指数 effch	技术进步指数 techch	纯技术效率指数 pech	规模效率指数 sech	全要素生产率指数 tfpch
东北片区	0.990	0.990	1.000	0.990	0.981
西北片区	1.002	1.045	0.996	1.006	1.048
黄淮海片区	1.000	1.030	1.000	1.000	1.030
西南片区	0.843	1.049	0.850	0.991	0.884
中南片区	1.053	0.985	1.076	0.979	1.038
华东片区	1.000	1.059	1.000	1.000	1.059
mean	0.979	1.026	0.985	0.994	1.005

2. 分省份辣椒全要素生产率变化分析

根据Malmquist指数，采用可变规模报酬（vrs）产出导向法（Output Orientated），计算出分省份干辣椒和鲜辣椒全要素生产率变化TFP指数及其构成。

2016~2020年，研究省份中辣椒全要素生产率指数年均增幅5.8%，技术进步是主要动因。从时序变化分析来看，2016~2017年，我国干辣椒全要素生产率指数降低19.2%，2017~2018年、2018~2019年、2019~2020年干辣椒全要素生产率指数分别上升20.7%、28.3%和0.3%。2016~2017年全要素生产率指数下降由综合效率指数降低与技术进步指数降低双重作用导致。2017~2018年、2018~2019年、2019~2020年干辣椒的

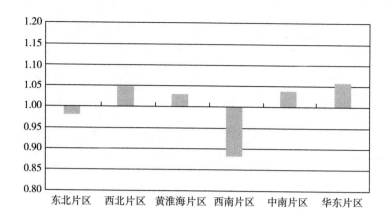

图 3 - 8　2020 年分片区鲜辣椒全要素生产率指数

技术进步指数变化呈现较高增长，足以抵消综合效率指数小幅下降，最终技术进步指数拉动干辣椒全要素生产率的提高，如表 3 - 16 和图 3 - 9 所示。

表 3 - 16　2016 ~ 2019 年分省份干辣椒全要素生产率指数及其分解

年份	综合效率指数 effch	技术进步指数 techch	纯技术效率指数 pech	规模效率指数 sech	全要素生产率指数 tfpch
2017/2016	0.963	0.839	0.960	1.003	0.808
2018/2017	0.991	1.218	0.993	0.997	1.207
2019/2018	0.843	1.523	0.873	0.966	1.283
2020/2019	0.904	1.110	1.051	0.860	1.003
mean	0.923	1.146	0.967	0.955	1.058

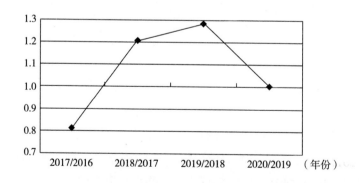

图 3 - 9　2016 ~ 2020 年分省份干辣椒全要素生产率指数波动

从分省份干辣椒全要素生产率的空间分布特征来看，整个研究期内技术进步指数处于增长阶段，综合效率指数处于下降阶段。河南、新疆、重庆全要素生产率指数处于增长阶段，年均增长率分别为 24.9%、9.6%、8.6%，三个地区全要素生产率指数增长的主要得益于技术进步指数的增长。内蒙古技术进步指数增长 8.9%，综合效率指数增长 -8.2%，综合来看，全要素生产率指数未发生明显变动。山东、贵州全要素生产率指数出现小幅下降，主要是因为技术进步指数的增长不能够完全抵消综合效率指数的下降，如表 3-17 和图 3-10 所示。

表 3-17　2016～2020 年分省份干辣椒全要素生产率指数空间特征

firm	综合效率指数 effch	技术进步指数 techch	纯技术效率指数 pech	规模效率指数 sech	全要素生产率指数 tfpch
山东	0.828	1.207	0.879	0.942	0.999
河南	1.000	1.249	1.000	1.000	1.249
新疆	1.000	1.096	1.000	1.000	1.096
内蒙古	0.918	1.089	1.000	0.918	1.000
重庆	0.966	1.125	0.931	1.038	1.086
贵州	0.843	1.122	1.000	0.843	0.946
mean	0.923	1.146	0.967	0.955	1.058

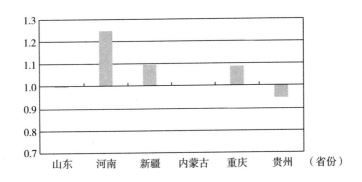

图 3-10　2020 年分省份干辣椒全要素生产率指数

研究期内，各省份鲜辣椒全要素生产率指数年均下降 0.1%。从时序变化分析来看，2016～2017 年、2019～2020 年我国鲜辣椒全要素生产率指数增长率分别为 -12.4%、-4.7%，2017～2018 年、2018～2019 年干辣椒全要素生产率指数分别上升 8.3% 和 8.9%。2016～2017 年鲜辣椒全要素生产率下降由综合效率指数下降和技术进步指数下降两方面因素导致，综合效率指数的下降主要由纯技术效率指数下降导致。2017～2018 年综合效率指数继续出现大幅下降，但当年技术进步指数上升 40.5%，技术进步的上升带来了当年全要素生产率上升 8.3%。2018～2019 年综合效率在上年的基础上呈现大幅度上涨，涨幅高达 60.7%，综合效率的上涨得益于纯技术效率指数和规模效率指数两方面上升。2019～2020 年技术进步指数增长 13.8%，综合效率指数增长 -15.4%，综合效率指数大幅降低导致全要素生产率呈现负增长，如表 3-18 和图 3-11 所示。

表 3-18 2016~2020 年分省份鲜辣椒全要素生产率指数及其分解

年份	综合效率指数 effch	技术进步指数 techch	纯技术效率指数 pech	规模效率指数 sech	全要素生产率指数 tfpch
2017/2016	0.957	0.916	1.015	0.943	0.876
2018/2017	0.771	1.405	0.792	0.973	1.083
2019/2018	1.607	0.677	1.323	1.215	1.089
2020/2019	0.846	1.138	0.859	0.985	0.963
mean	1.001	0.998	0.977	1.024	0.999

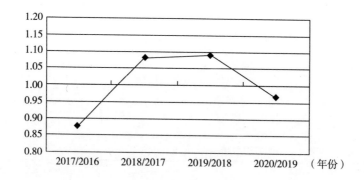

图 3-11 2016~2020 年分省份鲜辣椒全要素生产率指数波动

从各省份鲜辣椒全要素生产率的空间分布特征来看，整个研究期内湖南、甘肃、重庆全要素生产率指数处于增长阶段，增长率分别为 11.8%、14.4%、2.5%，三个地区全要素生产率指数的增长主要归因于综合效率的增长。黑龙江、江西、云南全要素生产率处于负增长，增长率分别为 -6.7%、-8.5%、-12.2%，黑龙江、江西全要素生产率指数下降归因于当地技术进步指数的下降，云南全要素生产率指数的下降主要是因为综合效率指数的大幅下降，而综合效率指数的下降是由于纯技术效率指数的大幅下降，如表 3-19 和图 3-12 所示。

表 3-19 2016~2020 年分省份鲜辣椒全要素生产率指数空间特征

firm	综合效率指数 effch	技术进步指数 techch	纯技术效率指数 pech	规模效率指数 sech	全要素生产率指数 tfpch
黑龙江	1.000	0.943	1.000	1.000	0.943
湖南	1.093	1.023	1.000	1.093	1.118
甘肃	1.026	1.114	1.000	1.026	1.144
重庆	1.045	0.981	1.034	1.010	1.025
江西	1.000	0.915	1.000	1.000	0.915
云南	0.857	1.025	0.844	1.015	0.878
mean	1.001	0.998	0.977	1.024	0.999

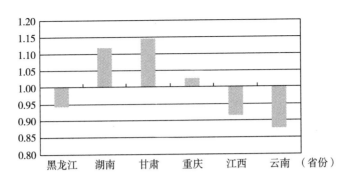

图 3 - 12　2020 年分省份鲜辣椒全要素生产率指数

五、研究结论

（一）大蒜

2020 年各省份大蒜综合效率均值为 0.747，处于 DEA 无效阶段。甘肃、黑龙江综合效率、纯技术效率、规模效率均达到最优，处于规模收益不变阶段。山东、河北、安徽、云南、四川综合效率未达到最优，处于规模效率递减阶段。

2016 ~ 2020 年，大蒜全要素生产率指数年均增长 1.4%。2020 年大蒜全要素生产率 TFP 增长率为 - 9.1%，大蒜技术进步指数的下降是全要素生产率负增长的主要因素。整个研究期内山东、河北、安徽、甘肃、黑龙江全要素生产率指数均值处于正增长；云南全要素生产率指数均值呈现小幅下降；四川受纯技术效率下降的影响，全要素生产率指数平均呈下降状态。

（二）生姜

2020 年各省份生姜综合效率均值为 0.764，处于 DEA 无效阶段。安徽、河北综合效率、纯技术效率、规模效率均达到最优，处于规模收益不变阶段。山东、四川综合效率未达到最优，处于规模收益递减阶段。湖北、福建综合效率未达到最优，处于规模收益递增阶段。纯技术效率是影响生姜综合效率的主要因素。

2016 ~ 2020 年，生姜全要素生产率指数年均增长 1.3%。2020 年全要素生产率指数 TFP 增长率为 1.9%。整个研究期内安徽、四川、福建全要素生产率指数平均处于正增长，山东、河北、湖北全要素生产率指数平均处于负增长。纯技术效率指数大幅增长是拉动生姜全要素生产率增长的主要因素，技术进步指数的下降是制约生姜全要素生产率指数增长的主要因素。

（三）辣椒

2020 年分片区干辣椒综合效率均值为 0.861，尚未达到最优，纯技术效率一直处于最优状态；各分片区鲜辣椒生产综合效率均值为 0.890，同样未达到最优，除西南片区（0.504）外各分片区鲜辣椒生产综合效率接近生产前沿面。从分省数据来看，2020 年河南、新疆干辣椒综合效率达到最优，黑龙江、湖南、甘肃、江西鲜辣椒生产综合效率达到最优，处于规模收益不变阶段。纯技术效率是制约鲜辣椒综合效率的主要因素，规模效率是制约干辣椒综合效率的主要因素。

2016~2020 年，分片区干辣椒全要素生产率变化幅度较大，年均增长率为 3.3%，TFP 增长主要依靠技术进步变化拉动，研究期内干辣椒纯技术效率指数未发生明显变动。2020 年干辣椒全要素生产率指数增长率为 -11.5%，规模效率下降是综合效率增长的主要制约因素。

从分片区数据来看，2016~2020 年，鲜辣椒全要素生产率波动幅度较大，年均增长率为 0.5%，综合效率年均增长率为 -2.1%，规模效率较为稳定，技术进步年均增长率为 2.6%，说明技术进步在极大程度上促进了鲜辣椒全要素生产率的提高。

第四章 2020年度中国水生蔬菜价格走势研究

一、全国2016～2020年水生蔬菜月度价格变化

（一）莲藕月度价格变化趋势基本一致，6～7月价格最高

莲藕年间价格走势趋于一致，呈现明显的"凸"形，1～2月为价格上升期，3～4月价格下降，5～7月价格大幅度上涨，8～12月价格持续回落。在2016～2020年调查年度内，2020年莲藕的平均价格整体高于其他年份的平均价格，尤其是在1～3月和8～12月。

2020年全国莲藕月度价格的变化趋势整体符合季节性波动特征，且疫情对莲藕价格的影响是显著的。2020年1～12月全国莲藕月度价格的走势如图4-1所示，2月莲藕价格环比增长31.40%，同比增长24.21%，为7.49元/千克，创近5年同期最高水平。受疫情影响，一方面，莲藕采收出现"用工难""用工贵"的现象；另一方面，区域性的封村封路、道路交通阻隔导致农产品大量滞销，且受道路被封影响，还面临运不出去的难题，再加上居民外出次数受限，囤货现象明显，供需不匹配，短期内莲藕价格涨幅明显。随着国家开始出台多项有效措施保障蔬菜流通，供应增加，3～4月价格大幅度回落，总降幅达26.03%，4月价格为5.54元/千克。随着疫情逐渐好转，收购、运输、销售过程基本恢复正常，供给较为稳定，5月价格波动不大。6～7月早藕上市，市场上莲藕整体供给量少，价格季节性增长，7月平均8.55元/千克，相比5月，总体涨幅达50.53%。随着各大产区集中挖藕，莲藕大量上市，8～12月价格逐渐回落，但主产区水灾频发，直接导致莲藕减产，莲藕价格居高不下，导致8～12月的月均价格成为近5年来同期最高价。

（二）2020年茭白月度价格波峰前移

整体来看，2020年茭白年均价格走势与往年略有不同。往年的茭白年均价格走势出现2次明显的波峰和波谷，呈"W"形，2020年价格走势中未出现第2个价格波谷。1～2月为价格上升期，迎来第1个价格高峰；3～6月为价格回落期，到达第1个价格波谷；

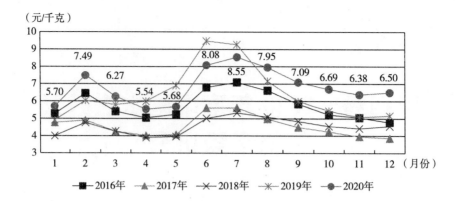

图 4 - 1   2016 ~ 2020 年我国莲藕月度价格走势

资料来源：全国农产品批发市场价格信息系统（http：//pfscnew.agri.gov.cn/）。

7 ~ 8 月为价格反弹期，迎来 1 年中第 2 个价格高峰；随后价格逐渐下降，未出现第 2 个价格波谷。在 2016 ~ 2020 年调查年度内，2020 年 1 ~ 4 月的茭白价格远远高于往年同期价格，茭白的最高价格出现在 2020 年 2 月，为 12.92 元/千克，环比增加 12.84%，同比增加 65.64%。

茭白分为单季茭白和双季茭白，为了满足消费者需求，市场上种植销售的多为双季茭白，双季茭白多在 5 ~ 6 月、9 ~ 10 月收获。由图 4 - 2 可知，2020 年年初的茭白价格处于高位，行情表现不错，1 月价格为 11.45 元/千克，与 2019 年同期相比，增加了 64.04%，2 月达到峰值 12.92 元/千克，比 1 月增长 12.84%，3 ~ 4 月稳定高价，小幅度波动。主要是由于疫情的影响，居民的需求量短时间增加，再加上上年冷库茭白存货量减少，市场供给量少，造成茭白价格在前 4 个月价格居高不下。随着 5 月新鲜茭白陆续供应市场，价格快速回落，降低到 9.82 元/千克，降幅 17.27%。进入 6 月，茭白开始进入上市旺季，价格达到第 1 个低谷，为 8 元/千克，降幅 18.53%。每年 7 月茭白进入断档期，这时市场上售卖的主要为冷库储存的茭白，7 月以后价格开始小幅度回升。8 月到达一年中第 2 个价格波峰，为 9.25 元/千克，相比 6 月，涨幅 15.63%。在第二季茭白大量上市之后，9 月价格开始下降，12 月稳定在 7.67 元/千克，相比 8 月，整体降幅 17.08%。

（三）2020 年芋头月度价格整体偏高

芋头月度价格走势较为一致。整体变化主要呈现上升和下降两个阶段，价格先逐渐上升，再波动下降，但不同年份之间差异明显。2018 年和 2019 年的最高价格出现在 7 月，2016 年、2017 年和 2020 年的最高价格出现在 8 月。由于芋头相比莲藕、茭白耐贮藏，基本周年供应，2016 ~ 2020 年，芋头的价格波动相比莲藕和茭白的价格波动幅度较小，在调查年度中，2020 年芋头的月均价格高于往年的月均价格。

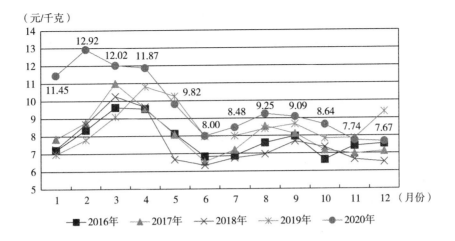

图 4 - 2   2016～2020 年我国茭白月度价格走势

资料来源：全国农产品批发市场价格信息系统（http：//pfscnew. agri. gov. cn/）。

　　2020 年 1～12 月芋头全国月度价格的走势如图 4 - 3 所示，年内价格波动季节特征明显，基本符合历年芋头价格波动规律。从 1 月开始，芋头的价格逐渐上升，8 月达到最高价 6. 22 元/千克，相比 1 月，涨幅 28. 78%，主要是由于此时市场上储备的芋头大量消耗且新鲜芋头未上市。8 月芋头开始逐渐采收上市，价格开始逐渐回落，12 月时价格回落至 4. 82 元/千克，降幅达 22. 51%。整体来看，芋头价格也受到了疫情影响，导致月均价格上涨，主要是由于芋头属于耐储存蔬菜，居民多购买耐储存蔬菜以便减少疫情期间出门次数，但由于芋头耐储存，居民购买频率较低，因此芋头受疫情影响程度低于莲藕、茭白受疫情影响的程度。

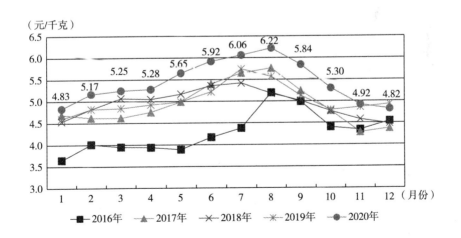

图 4 - 3   2016～2020 年我国芋头月度价格走势

资料来源：全国农产品批发市场价格信息系统（http：//pfscnew. agri. gov. cn/）。

二、全国 2016～2020 年水生蔬菜年度价格变化情况分析

（一）莲藕年度价格变化

2016～2020 年，我国莲藕年度价格先下降再上升。如图 4－4 所示，2016～2018 年莲藕价格持续 3 年下跌，由 2016 年的 5.74 元/千克下降至 2018 年的 4.55 元/千克，下降了 1.19 元/千克，降幅 20.73%。由于种植面积增加、产量提高，供给快速增长，相比 2016 年，2017 年莲藕价格迅速降低，降幅高达 20.56%。2018 年价格持续走低，成为近五年来价格最低的 1 年，莲藕年均价格 4.55 元/千克，降幅 0.22%。连续 3 年的价格低迷，种植采收人工成本居高不下，农户种植莲藕的积极性受挫，南方产地减种，莲藕整体的供应量大幅减少，市场需求无过大波动，2019 年莲藕价格回升至 6.43 元/千克，涨幅高达 41.32%。2020 年疫情发生，莲藕生产、加工、运输等各个环节人工成本增加，疫情严重时期，蔬菜运输难度较大，产地价格低迷与销地价格高企并存，国家及时调控，总体上，2020 年莲藕年度价格相比 2019 年同期价格涨幅不大，上涨了 6.22 个百分点，为 6.83 元/千克。

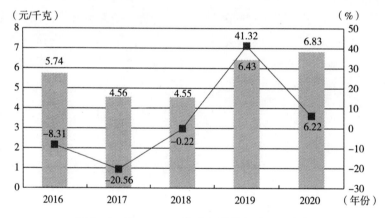

图 4－4　2016～2020 年我国莲藕年度价格走势

资料来源：全国农产品批发市场价格信息系统（http：//pfscnew.agri.gov.cn/）。

（二）茭白年度价格变化

2016～2020 年，我国茭白年度价格先升后降再回升，但整体来看，茭白年均价格波动不大，比较平稳。如图 4－5 所示，相比 2016 年，2017 年茭白价格有所上升，涨幅 3.46%，年均价格为 8.08 元/千克。2018 年茭白大丰收，市场上供给量增大，需求量稳定，2018 年年均价格下降，处于近 5 年最低水平，为 7.57 元/千克，降幅 6.31%。2019 年春季持续低温，回暖缓慢；秋季南方产地夏季降雨减少，出现秋旱；茭白产量受到不良影响，供给下降造成年均价格的上涨，年均价格为 8.59 元/千克，涨幅 13.47%。2020 年受

疫情、2019 年受储备量低和南方水灾频发的影响，运输成本增加，市场供给量少，最终造成年均价格上涨，最终涨幅 13.50%，为 9.75 元/千克，成为近五年来的年均最高价。

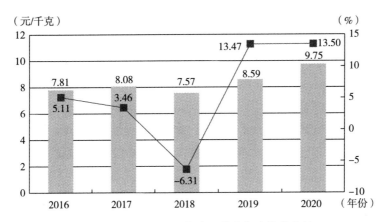

图 4 - 5　2016 ~ 2020 年我国茭白年度价格走势

资料来源：全国农产品批发市场价格信息系统（http：// pfscnew. agri. gov. cn/）。

（三）芋头年度价格变化

2016 ~ 2020 年，我国芋头年度价格逐渐上升。2016 年芋头市场低迷，销售价格较低，为 4.29 元/千克，导致农户种植芋头的积极性受挫，种植面积减少。如图 4 - 6 所示，2017 年芋头价格有所回升，达 4.93 元/千克，涨幅 14.92%。2018 年价格小幅度上升至 4.95 元/千克，涨幅 0.41%。2019 年受天气影响，雨水量少，芋头单产下降，供不应求，价格上升至 5.04 元/千克，涨幅 1.82%。2020 年疫情来袭、南方水灾频发，影响了芋头的种植及采收，供给量有所降低，再加上居民多购买耐存储的蔬菜，需求量增加，供需不平衡，最终导致价格上涨，涨幅 7.94%，为 5.44 元/千克。

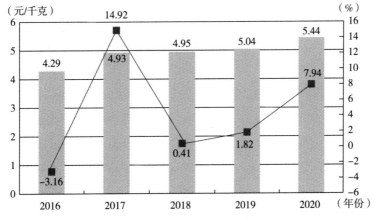

图 4 - 6　2016 ~ 2020 年我国芋头年度价格走势

资料来源：全国农产品批发市场价格信息系统（http：// pfscnew. agri. gov. cn/）。

三、各主产区 2020 年水生蔬菜价格变化情况分析

（一）莲藕主产区价格对比

我国莲藕种植历史悠久，形成了长三角、珠三角、黄河流域三大主产区。随栽培技术的提升和改进，产区逐渐辐射全国。

2020 年不同主产区的莲藕价格走势与全国均价走势基本一致，但不同省份的莲藕价格明显不同。如图 4-7 所示，安徽、湖北、山东的价格走势与全国走势比较相符，在 7 月达到最高价；浙江在 6 月，莲藕达到最高价，为 9.84 元/千克，是主产省份中月均价格最高的省份；江苏省在 8 月达到最高价，为 7.64 元/千克。2020 年，浙江莲藕的年均价格和月均价格普遍高于其他主产省份，年均价格 7.21 元/千克，比全国年均价格高 5.56%，比年均价格最低的省份（江苏）高 31.09%。湖北蔬菜生产、运输和销售受疫情影响严重，在国家及时调控下，湖北莲藕价格波动不大，与全国态势相符，年均均价为 5.96 元/千克，比全国均价低 12.74%。山东、江苏的年均价格和月均价格相差不大。

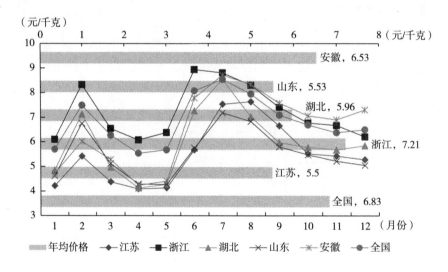

图 4-7 2020 年我国莲藕不同产区的年度价格和月度价格走势

资料来源：全国农产品批发市场价格信息系统（http://pfscnew.agri.gov.cn/）。

（二）茭白主产区价格对比

茭白又叫作菰笋、菰米等，分为双季茭白和单季茭白，世界上把茭白作为蔬菜栽培的，只有中国和越南，多生长于长江湖地一带，适合淡水里生长。本研究选取了茭白的主产区浙江、江苏、河南和全国的均价进行比较。

2020 年不同产区的茭白价格走势与全国均价走势基本一致。其中，浙江作为茭白的

第一种植大省，价格走势与月均价格与全国的更为吻合。如图 4-8 所示，2020 年全国的年均价格为 9.75 元/千克，高于其他主产区的年均价格，比浙江的年均价格高 12.07%，比江苏的年均价格高 65.25%，比河南的年均价格高 2.74%。江苏的年均价格和月均价格明显低于全国及其他主产区的同期价格，月均最高价格为 8.25 元/千克，比全国的最高月均价格低 36.15%，比浙江的最高月均价格低 41.41%。河南年均价格为 9.49 元/千克，与全国年均价格相差较小，2～5 月月均价格高于全国及其他主产区的同期价格，最高月均价格为 15.6 元/千克，比全国最高月均价格高 20.74%，比浙江最高月均价格高 10.8%。

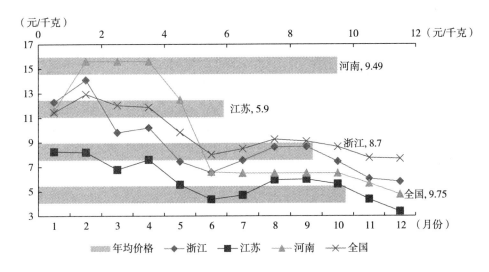

图 4-8　2020 年我国茭白不同产区的年度价格和月度价格走势

资料来源：全国农产品批发市场价格信息系统（http：//pfscnew. agri. gov. cn/）。

（三）芋头主产区价格对比

芋头在我国以珠江流域及台湾种植最多，长江流域次之，其他省份也有种植。本研究选取了芋头的主产区山东、江苏、江西和全国的均价进行比较。

2020 年 3 个主产省份的芋头价格走势与全国均价走势整体较为一致，整体先上升再下降，但最高价出现的月份不同。如图 4-9 所示，江苏的最高价出现在 6 月，其他两个主产省和全国的最高价都出现在 8 月，其中江西和山东的芋头价格走势更为相符。2020 年芋头的全国年均价格为 5.44 元/千克，远远高于 3 个主产区，比价格最低的山东年均价格高 42.04%，比江苏年均价格高 30.14%，比江西高 38.78%。在 3 个主产省份中，最高价格出现在山东 8 月，为 5.06 元/千克，最低价格出现在山东的 12 月，为 2.75 元/千克。因此得知，在研究区域内，山东月均价格波动幅度最大。由于 2020 年广西未公布全年的数据，未对广西芋头价格进行分析。

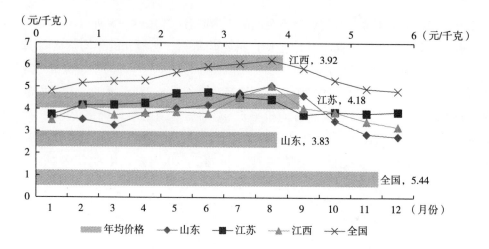

图 4 – 9　2020 年我国芋头不同产区的年度价格和月度价格走势

注：广西 2020 年未公布全年数据。

资料来源：全国农产品批发市场价格信息系统（http：//pfscnew. agri. gov. cn/）。

四、2020 年我国水生蔬菜价格变化原因分析

（一）受疫情影响，整体水生蔬菜价格偏高

疫情来袭，人们生活受到影响，短时间内出现居民囤货现象，而此时蔬菜的采收和运输又受到阻碍，最终导致供不应求，价格上涨。以莲藕为例，莲藕处于采挖销售期，生产管理上不存在较大问题，但由于疫情影响，规模经营主体中出现"用工难""用工贵"和产品运输不畅等问题。疫情持续时间长，一直到 2020 年春季，湖北省是莲藕主产区，又是重灾区，在地方政府的引导下农户出于规避风险的考虑，足不出户，外地人员更是无法进入湖北打工，劳动力严重匮乏，因此在采收方面，规模经营主体无法请到挖藕工人，只能由少量的家族成员进行挖藕，莲藕由于过久不起挖，出现发芽导致莲藕表皮变色的问题，品质降低，最终导致市场上莲藕供不应求，平均价格上升。

（二）水灾频发，导致产量降低

自然灾害是导致蔬菜价格波动的重要原因之一，自然灾害来袭，直接影响蔬菜的产量和质量，因此蔬菜的供给量经常会发生变动，蔬菜的需求量在疫情影响下短时间激增，但全年来看保持了相对稳定，供需的变化与博弈导致价格波动，从而反映价格机制的形成过程，最终影响了价格的涨跌。2020 年受水灾的影响，大多水生蔬菜的产量降低，以莲藕为例，市场上莲藕的货源大多来自湖北，2020 年夏季南方水灾频发，据仙桃市沔城琦玲种植专业合作社理事长反映，80% 的莲藕绝收，上市量大大减少，直接造成收购价格高，市场供给量不足，导致市场价格依旧居高不下。

五、我国水生蔬菜价格波动趋势分析

水生蔬菜收获面积和消费需要均呈增长态势，受物价水平、劳动力成本上涨影响，未来水生蔬菜价格长期来看呈增长态势。近些年极端天气频发增加了总产量的不确定性，价格波动的主要原因仍是极端天气、疫情等突发事件引起的短期供给变化。未来我国水生蔬菜价格总体呈增长态势，突发事件引起的价格波动能够在较短时间内恢复。

不同水生蔬菜价格波动趋势不同。总体来看我国水生蔬菜种植面积将稳中略升，部分水生蔬菜的区域布局调整加快，水生蔬菜将继续以传统产区为中心的"外拓式"发展。莲藕仍以鄂莲系列莲藕品种为主，子莲以湘莲、太空莲为主，茭白以浙茭系列茭白品种为主，荸荠以桂蹄系列为主。①2020 年茭白价格达到近年来最高峰，茭白传统产区浙江、江苏、安徽等省份种植面积基本稳定，茭白技术异地帮扶带动西部茭白新产区种植面积继续扩大，云南、贵州茭白种植面积进一步增长，茭白食品加工尚未形成规模，茭白价格将回落到 7～10 元/千克。②南方莲藕种植面积较为稳定，北方莲藕进一步扩大，但增幅不大。河北保定、邯郸以及河南驻马店、许昌等地浅水莲藕推广示范成功，将进一步带动北方莲藕种植面积逐步扩大。同时莲藕加工用量持续增长，藕粉、藕片、藕带、即时藕等产品消费需求持续增长。莲藕年度价格将继续上涨。③芋头种植面积变化幅度不大，但芋头的市场需求旺盛。随着北方芋头消费市场的打开、饭店芋头菜肴的推广以及甜品热饮等网红食品受消费者青睐，芋头用量持续增长，加之物价水平的提高，未来芋头价格稳步增长。

第五章 2020年度中国特色蔬菜产业技术发展报告

一、国际特色蔬菜生产与贸易概况

（一）国际特色蔬菜生产概况

根据FAO统计，2019年世界水生蔬菜中，芋头种植面积1957.34千公顷，总产量1054.06万吨，尼日利亚、中国、喀麦隆、加纳、巴布亚新几内亚居产量前五位，中国占比18.54%。在辛辣蔬菜中，大蒜面积与产量分别为1634.59千公顷、3070.75万吨，中国、印度、孟加拉国、俄罗斯、乌克兰居产量前五位，中国占比75.89%；洋葱面积与产量分别为5192.61千公顷、9996.78万吨，中国、印度、美国、埃及、土耳其居产量前五位，中国占比24.97%。此外，中国的辣椒、生姜、大葱种植面积与总产量均居全球第一位。

（二）国际特色蔬菜贸易概况

2019年特色蔬菜国际贸易显著增长。辣椒出口额77.45亿美元，同比增长9.95%，其中鲜辣椒、未磨干辣椒、已磨干辣椒分别为56.11亿美元、11.89亿美元、9.45亿美元，分别增长7.63%、27.43%、5.25%；保鲜大蒜28.13亿美元，同比增长32.25%；生姜9.80亿美元，同比增长13.30%；脱水洋葱3.71亿美元，同比增长6.50%；芋头1.37亿美元，同比增长12.71%；莲藕及荸荠1.24亿美元，同比减少2.59%。中国保鲜大蒜、未磨生姜、已磨生姜、已磨干辣椒、芋头、莲藕和荸荠出口量均居第一位，世界占比分别为70.78%、60.39%、36.61%、39.71%、57.04%、38.73%。

二、国内特色蔬菜生产与贸易

（一）国内特色蔬菜生产

2020年中国特色蔬菜播种面积保持稳定，约6400千公顷。根据国家特色蔬菜产业体系调研，辣椒种植面积约为2200千公顷，同比增长8%，但受自然灾害影响，单产下降5%～10%；大蒜种植面积800千公顷，增长12.66%，产量2300万吨，山西、陕西增幅大；生姜种植面积285.3千公顷，增长6.73%，产量800万吨，其中河北、湖南、山东面积增幅分别为25%、20%和6%，四川减少20%；韭菜种植面积435千公顷，产量2280万吨，分别增长2.35%和1.24%，江苏、广东、贵州增幅大。芥菜种植面积933.3千公顷，产量4800万吨。水生蔬菜种植面积866.7千公顷，其中，莲藕500千公顷、芋头133.3千公顷、茭白73.3千公顷、荸荠40千公顷。莲藕种植面积有所增加，但受疫情及阴雨洪涝影响，减产20%～30%；茭白种植基本稳定，贵州、云南、江苏、安徽略有增长；荸荠种植面积下降10%～15%。

2020年，除大蒜、辣椒外，大部分特色蔬菜价格呈持续上升态势，尤以大葱、生姜价格涨幅最大，"向前葱""姜你军"再度成为年度热词，莲藕、茭白、芋头等也为2016年以来最高价。

（二）国内特色蔬菜贸易

2019年中国特色蔬菜在出口创汇中继续发挥重要作用，出口额42.56亿美元，占蔬菜出口总额的33.87%，大蒜、辣椒、洋葱、生姜位居前列，占比分别为18.89%、5.00%、4.80%、4.55%。2020年虽受疫情影响但特色蔬菜总出口持续增长，1～10月出口量377.52万吨，同比增长11.04%，出口额38.71亿美元，同比增长7.95%。其中大蒜、生姜、辣椒、芥菜、莲藕、荸荠出口额分别为20.07亿美元、5.92亿美元、5.56亿美元、1.67亿美元、0.28亿美元、0.08亿美元，同比分别增长9.89%、23.58%、11.32%、9.30%、5.94%、10.12%；大葱、洋葱、芋头出口额分别为0.54亿美元、3.97亿美元、0.60亿美元，同比分别下降13.66%、15.43%、1.19%。

三、国际特色蔬菜产业技术研发进展

（一）新品种选育与育种技术

开展了辣椒抗病毒、抗根结线虫、耐旱性等优异种质与品种筛选，挖掘出辣椒抗旱基因，筛选出抗病毒病和抗根结线虫材料，获得GojamMecha_9082、Mareko_233636、Gojam-Mecha_9086等高抗病害品种；开发出新的辣椒育性恢复基因连锁标记，设计了基因编辑体系；研究了辣椒种子低温贮藏技术，在中国登记辣椒品种10个。开展了大规模莲重测序与起源进化分析，明确了俄罗斯、东南亚、美洲等地野莲居群多样性；对莲淀粉合成相关基因进行了克隆和分析，开发了子莲产量、淀粉合成相关性状分子标记；研究了灰茭形成机理及蕹菜耐热机制。完成了染色体水平的芋基因组图谱绘制，研究了三倍体多子芋多样性；组装了油用芥菜Varuna高质量参考基因组，对茎瘤膨大、叶片裂刻、紫叶、荚果抗裂等性状基因进行了挖掘或克隆。构建了多个洋葱遗传连锁图谱，定位了花青素合成相关 QTLs；开发了大蒜开花相关 SSR 标记，分析了风味、营养变化特征；发现大葱表皮蜡质主要成分为 C29 酮；开展了韭菜、青葱的代谢组研究。

（二）栽培技术与品质提升技术

发现新型微碳技术（MCT）对辣椒根系水分和营养吸收有促进作用，2% 生物炭和 2% 堆肥增产效果明显。建立了芥菜转录组平台，筛选出调控重要农艺性状的系列候选基因；证明硅可延缓芥菜叶片衰老，IAA 和 NO 协同作用可提高盐胁迫下芥菜光合效率和抗氧化能力；5 - 氨基乙酰丙酸可提高芥菜对铅的耐受性；低硒（Se）处理可减少芥菜体内 Pb 的积累。外源 Pro 显著增强了干旱胁迫下洋葱水分利用率、光合效率和产量；马粪与绿肥及橄榄渣堆肥还田可改善土壤肥力，促进大蒜生长发育。解析了芋头地下茎适应缺氧环境的调控机制；挖掘出莲花地上部与地下部长距离运输的信号分子 miR2111，解析了 miR2111 对根瘤形成的调节作用和固氮能力的影响；发现抑制藕节中铁蛋白可显著提高缺铁条件下莲藕的固氮作用。GA$_3$ 和低温 8~10 周均可打破水芹种子休眠，提高发芽率。

（三）病虫害绿色防治技术研发进展

加工辣椒病害呈上升趋势，可识别 34 种辣椒病害的图像识别技术初步建立；叶面喷施乙酰苯甲醚 - S - 甲基和 β - 氨基丁酸可降低辣椒炭疽病的危害，壳聚糖纳米包衣剂可提高辣椒对真菌和细菌的抵抗能力；烟粉虱、蚜虫等仍是主要害虫。生姜主要病害为茎基腐病、姜瘟病；洋葱病害整体发生较重，紫斑病、茎（叶）枯病、病毒病普遍发生；韭菜灰霉病较重；日本首次报道了大蒜盲种葡萄孢（Botrytis porri）引起的韭菜叶枯病。葱蓟马在葱蒜上危害严重，抗虫品种和高效药剂仍是最常用的防治方法。莲藕主要病害为莲藕病、病毒病、线虫病等；日本报道了潜根线虫导致莲藕根茎褐变，但利用 ITS - rRNA 探针检测 DNA 可进行早期诊断，氨基甲酸酯类农药苄呋卡伯杀灭潜根线虫效果最好。对莲藕主要害虫斜纹夜蛾进行了生物防治、信息素应用、杀虫剂抗性机制等研究。

（四）产后处理和加工技术

枯草芽孢杆菌产生的抗真菌毒素可抑制辣椒采后贮藏过程中的真菌。0.05mol/L 氯化钠溶液浸泡，联合 0.05mm 聚丙烯包装可有效保留姜片中黄酮等生物活性物质。10mmol/L 草酸、1% 抗坏血酸和 50% 芦荟凝胶薄膜单独或联合使用、或采用 5.0kJ/m^2 短波紫外线等处理均可延缓鲜切莲藕片褐变。NO 处理可以抑制贮藏期内茭白软化和纤维化。黑蒜发酵后多酚、有机硫化物等生物活性成分含量更高。白洋葱和红洋葱经 50/90℃ 干燥后酚类物质含量更高，200Gy 剂量辐照可使洋葱维生素保留 30 天。

（五）生产设备研发与新产品

久保田推出了用于辣椒、番茄等蔬菜移栽的机械 IKP - 4，可一次完成移栽、覆膜、铺滴灌带功能，且株行距与栽植深度可调。日本研发了 NK101 型牵引式、HL 型自走式大葱联合收获机、久保田 HG－100 型自走式大葱收获机；土佐农机设计了 GR－18HS 型（侧附轮模式）和 GR－18HL 型大姜收获机（八轮模式）。美国 Top Air 公司、宝奇公司研制了 GW2400 型和 ARCO 型大蒜收获机。意大利 IMAC 公司研制了 OL－1400 型洋葱收获机，美国 Top Air 生产了 TL 4400 XT 洋葱收获机，日本洋马公司生产了 HT20 洋葱收获机。

四、国内特色蔬菜产业技术研发进展

（一）种质资源、育种技术与新品种选育

收集辣椒种质 144 份，水生蔬菜 70 份；筛选耐热辣椒 7 份，疫病高抗或免疫辣椒资源 28 份，抗疫病芋资源 45 份，适宜加工保鲜的茭白资源 1 份，高结实率野茭 3 份；筛选低氮敏感型大葱品种 10 个。开展了辣椒耐热、耐低温、耐低磷、耐盐、耐镉等机理研究；利用转录组分析了辣椒果实着色度、辣度关键基因，开展了果色性状定位、基因编辑技术研究；研发了辣椒种子生产、贮藏及干制小辣椒三系杂交种制备技术。研究了我国野莲居群遗传多样性与进化，提出了野莲保护策略；获得莲子性状主效 QTL 位点，开发了花色、粒重、心皮数等性状分子标记，建立了莲藕种苗纯度鉴定方法。鉴定了 44 份芥菜种质资源主要表型性状、云南油用芥菜资源品质及苗期耐旱性；对芥菜 GRF 转录因子家族进行了分析，开发了 SSR 标记；研发了叶用芥菜杂交制种、茎用芥菜加代育种及打破种子休眠技术。鉴定分析了湖南生姜种质资源数量和质量性状；建立了大蒜超低温保存体系、气生鳞茎脱毒方法及洋葱通用型愈伤组织诱导体系。

登记辣椒品种 1112 个，其中加工型辣椒 581 个，品种权授权 16 个；选育莲藕品种 5个，菱角品种 1 个，茭白品种 2 个，洋葱品种 2 个，大姜品种 1 个，韭菜品种 7 个。

（二）栽培技术与品质提升技术

研发了辣椒轻简化栽培技术，6～7 月中旬利用剪枝再生技术培育新结果枝；地膜二次利用、减少化肥用量、增施有机肥等绿色技术减轻了劳动强度。明确了木醋液对辣椒种子萌发和幼苗生长的促进作用以及对病原菌的抑制效应；木醋液—生物炭—益生菌复配物、沼渣沼液肥均有效促进了辣椒的生长发育；新型镁肥（纳米氢氧化镁、改性纳米氢氧化镁等）显著增加了辣椒干物质积累和产量，减少了钾钙镁损失；鉴定了参与辣椒素合成的 ERFs、CaMYB48 等关键转录因子。在相同光强下，蓝光可显著提高大葱幼苗碳氮代谢关键酶活性；筛选出大葱苗期耐低氮的评价指标，并对苗期耐低氮能力进行了鉴定。研发了生姜弥雾栽培技术及土壤重金属原位钝化技术，显著降低根茎重金属富集。证明了芥菜 CK2B1 基因通过影响细胞周期促进茎的膨大。适量过磷酸钙和腐熟鸡粪做底肥明显提高了莲藕产量和品质；藻叶面肥可以使茭白增加 1～2 个分蘖，株高增加 7～9 厘米；提出了单季茭白—马铃薯轮作免耕栽培技术，减轻了病虫害和水体富营养化等问题。研究了营养液浓度、播种方法对水芹生长、产量和品质的影响；探索了养殖废水规模化生产水芹

关键技术。提出了荸荠组培苗驯化方法；开展了莲藕双季栽培、莲藕—荸荠一年两熟的栽培模式以及莲藕—泥鳅、乌鳢、茭白—泥鳅、茭白—龙虾、芡实—小龙虾、芡实—南美白对虾生态种养模式试验示范。

（三）病虫害绿色防治技术研发进展

全国辣椒产区疫病、病毒病、炭疽病等普遍发生，菜豆炭疽病首次在我国辣椒上出现，蓟马传播的番茄斑萎病毒病发生范围逐年扩大；害虫为蚜虫、烟粉虱和蓟马等；采用辣椒与黄瓜、玉米、谷子等间作、调整播种期和栽培密度、高温淹水等农业措施，均可有效控制病虫害发生；多粘类芽孢杆菌 YCP16－23 用于辣椒疫病的防治；建立了以辣椒为主的各种蔬菜病原菌快速准确分子检测技术，一些主效抗病基因被精细定位，提高了病害诊断的精确性。姜产区姜瘟病、茎基腐病和根结线虫病发生普遍且加重，假丝酵母菌（Enterobacter Asburiae）首次在河北唐山发现。锈病、叶枯病、紫斑病、病毒病在葱蒜上发生较往年严重；韭菜主要为灰霉病和疫病，局部发生"干尖"症等生理病害；筛选出呋虫胺、脂肽化合物和哈茨木霉 TW21990 用于防治韭菜灰霉病；韭蛆、葱蓟马在大蒜、韭菜上发生加重，"高温覆膜"韭蛆防治技术应用面积继续扩大。莲藕腐败病普遍发生，茭白上主要病害为胡麻叶斑病和锈病，湖北部分市县发生茭白细菌性基腐病，且存在潜在流行风险；广东首次发现小孢根霉（Rhizopus Microsporus var. Chinensis）引起的芥菜根腐病。研发出 ELISA 和斑点免疫法检测莲藕甘薯潜伏病毒技术方法。莲藕上主要害虫为斜纹夜蛾、莲缢管蚜、莲藕食根金花虫等，以性信息素诱捕、色板诱杀、高效低毒杀虫剂应用为主的绿色防控技术继续稳定推广。

（四）产后处理和加工技术

水杨酸可减轻低温导致的辣椒褐变；13℃下贮藏，45μL/L 暴马丁香花提取物溶液浸蘸 3 分，可保持辣椒果实外观和营养品质。海藻酸钠/魔芋甘聚糖复合涂膜联合 0.25mmol/L 硝普钠浸泡、2% 氯化钙、3－癸烯－2－酮、2，4－表油菜素、1.0μL/L 的甲基环丙烯等处理均可抑制生姜发芽。自发气调包装结合低温处理可延长干蒜保鲜期。3℃和 5℃ 的低温贮藏、20% 二氧化碳处理、抗坏血酸和复合涂膜（复配酸 0.18%、异抗坏血酸钠 0.29%、壳聚糖 1.15%）均可有效保持莲藕品质；臭氧水能有效降低莲藕菌落总数和失重率。冰水套袋是茭白最佳预冷处理方式；0.06mm PE 袋包装能保持茭白色泽和硬度、延缓木质化。聚乙烯包装袋密封包装、（1±0.5）℃ 冷藏，可延长韭黄保鲜期。复合护色液（0.8% 氯化钠、0.4% 柠檬酸和 0.4% 维生素 C）处理 15 分钟可降低慈姑失重率。

（五）生产机械研发与新产品

研发了穴盘式智能大葱育苗机，实现了一穴三粒精准播种；研发了大葱精量播种施肥喷药一体机、大葱开沟起垄施肥一体机和高地隙大葱培土机、半自动组合式大葱裸苗开沟移栽一体机、挠盘式高效低损大葱自动移栽机；研制了挤切抖挖式和推动式大葱收获机。

研制了链勺式大姜联合播种机，满足了开沟、起垄、施肥、播种、覆土镇压一体化要求；研制全自动大姜收获机，满足了夹持提升、姜块和茎秆分离、茎秆粉碎要求。研制了一种多行大蒜播种机漏播补种装置、设计了基于双侧图像识别的大蒜正芽及排种装置；设计了基于智能控制的大蒜分瓣分级机械化装置，实现了大蒜分瓣后分级处理。研制了一种洋葱精量播种机，可以一次性完成铺膜、点种、膜下铺设滴灌带及覆土等多项作业；设计了一种自主行走的螺旋推进式挖藕机。采用一种新型的大功率莲藕采收机，结合铲掘式和喷流式两种方式，可有效在 40 厘米以下浅水藕塘进行莲藕挖掘；设计了一种集芋头茎秆切割和挖掘为一体的收获机械。建立了菱角壳仁的轮廓关系，为菱角脱壳刀具提供了理论依据，设计了第一代样机整机。

第六章 2021 年度中国特色蔬菜
产业趋势分析与对策建议

一、2020 年我国特色蔬菜产业发展形势

（一）特色蔬菜播种面积总体稳定，辛辣类蔬菜稳中有升

2020 年特色蔬菜播种面积约 640 万公顷，其中辛辣类蔬菜 550 万公顷，比 2019 年略有增加。辣椒种植面积 220 万公顷，同比增长 8%，受自然灾害影响，单产下降 5% ~ 10%，面积增加的产区主要有贵州、山东、河北、内蒙古。受 2019 年蒜价高企影响，大蒜扩种明显，种植面积达 80 万公顷，产量 2300 万吨，其中山西、陕西增幅较大。生姜种植面积 28.53 万公顷，产量 800 万吨，分别比 2019 年增加 6.3% 和 4.8%，其中河北、湖南增幅超过 20%。韭菜 43.5 万公顷，产量 2280 万吨，分别同比增长 2.35% 和 1.24%，江苏、广东、贵州增幅较大。芥菜 93.33 万公顷，产量 4800 万吨，种植区域广泛。水生蔬菜种植面积 86.67 万公顷，其中，莲藕 50 万公顷、芋头 13.33 万公顷、茭白 7.33 万公顷、荸荠 4 万公顷。莲藕种植面积虽有所增加，但受疫情及夏季长江流域洪涝灾害及长期阴雨影响，减产 20% ~ 30%。茭白种植面积平稳，浙江作为茭白大省，种植面积略有减少，为 2.93 万公顷，贵州、云南、江苏、安徽有不同程度增长。荸荠种植面积下降 10% ~ 15%，疫情影响是库存量较大的主要原因。

（二）特色蔬菜国际竞争力持续增强，出口保持增长态势

特色蔬菜是我国最具国际竞争力的农产品，也是我国最重要的贸易顺差农产品。保鲜大蒜、生姜、芋头、莲藕、荸荠出口长期稳居世界第一，其中大蒜世界市场占有率达 70%，生姜、芋头的市场占有率在 60% 左右。2020 年 1 ~ 10 月特色蔬菜出口额达 38.71 亿美元，同比增长 7.95%；出口量 377.52 万吨，同比增长 11.04%。其中大蒜、辣椒、芥菜出口额分别为 20.07 亿美元、5.56 亿美元、1.67 亿美元，增幅分别为 9.89%、11.32%、9.30%；生姜、莲藕、荸荠出口量下降，但出口额分别增长 23.58%、5.94%、10.12%，分别达到 5.92 亿美元、0.275 亿美元、0.079 亿美元；大葱、洋葱、芋头出口

量价双减，出口额分别为 0.54 亿美元、3.97 亿美元、0.60 亿美元，降幅分别为 13.66%、15.43%、1.19%。我国特色蔬菜出口贸易伙伴保持稳定，前十位市场变动不大。鲜大葱 80% 以上出口日本；荷兰、美国、巴基斯坦是生姜前三位出口国，瑞典市场值得关注，从第 40 位上升到了第 8 位。印度尼西亚、越南、美国是大蒜的主要出口市场；水生蔬菜主要出口日本、越南、马来西亚等亚洲国家。

（三）特色蔬菜市场行情依然向好，生姜、大葱价格大幅增长

2020 年，除大蒜、辣椒外，大部分特色蔬菜价格呈持续上升态势，尤以大葱、生姜涨势抢眼，"向前葱""姜你军"再度成为年度热词。2020 年大葱均价 3.33 元/千克，同比增长 15.63%，为近四年最高价，其中 12 月第三周达到峰值 7.14 元/千克。生姜年均价格 11.57 元/千克，同比增长 55.09%，创下 2014 年以来最高价格。干辣椒自 2019 年 8 月开始进入下跌行情，到 2020 年 12 月 30 日，遵义辣椒指数为 105.36 点，回归 2017 年 1 月价位。大蒜年均价格为 8.19 元/千克，降幅 6.36%。洋葱年均价格 2.56 元/千克，同比增长 0.79%。韭菜年均价格处于近九年最高点，为 4.78 元/千克，同比增长 15.73%。莲藕、芋头、茭白等水生蔬菜均创下 2016 年以来最高价。2020 年莲藕均价 6.83 元/千克，同比增长 6.22%。茭白年均价格 9.75 元/千克，同比增长 13.50%。芋头均价 5.44 元/千克，同比增长 7.94%。

（四）特色蔬菜经济效益持续提升，莲藕、茭白、生姜增收显著

2020 年受疫情、干旱、水涝等多重因素影响，部分产区特色蔬菜产量下降，但因价格增长，整体效益仍继续提升。全国莲藕平均亩产 1075.79 千克，同比下降 36.72%，但亩均纯收益增长 56.85%，达到 1513.93 元。茭白每亩纯收益 9757.26 元，同比增长 33.09%。生姜每亩纯收益 21118 元，同比增长 55.34%，成本收益率达 196%。大葱每亩纯收益为 4765.64 元，同比上升 38.83%，成本利润率达 121.77%。受夏季高温、持续暴雨与秋季霜冻等因素影响，鲜辣椒亩产 2137.50 千克，降幅 27.17%，亩产值 6412.06 元，降幅 16.65%，为近五年最低。干辣椒亩产 361.62 千克，较上年减产 75.88 千克/亩，亩产值 4158.33 元，下降 44.45%。

（五）特色蔬菜产业扶贫能力较强，为脱贫攻坚提供有力支撑

特色蔬菜产业因其市场空间大、产业链条长等原因，在贫困地区产业扶贫中发挥了重要作用。2020 年贵州省辣椒种植面积 545 万亩，加工企业 300 家，带动脱贫户 1.77 万户、脱贫人口 6.47 万人，带动就业 1.8 万人，实现工资性收入 15.97 亿元。四川阿坝藏族、羌族自治州的黑水县、理县和马尔康市等国家级贫困县，示范推广芥菜、大蒜等特色蔬菜面积 10 余万亩，亩产值达 1 万元以上。江西广昌县以白莲产业为主导产业，带动贫困户种植 1.5 万亩，实现 1 万多贫困人口脱贫，广昌产业脱贫模式被联合国粮农组织列入全球减贫最佳案例。此外，特色蔬菜产业还通过异地技术帮扶，带动新兴特色蔬菜产区种植户

脱贫增收。例如，浙江缙云县在全国范围内发展茭白基地 5.2 万亩，产值 4.3 亿元，增加就业 4 万人，人均收入 2.3 万元。

（六）特色蔬菜科技支撑逐步增强，机械化与高质量加工亟待提升

近年来，特色蔬菜产业在种质资源与新品种选育、栽培技术与病虫害防治、生产机械研发、产后处理及加工等领域的科技支撑进一步增强，推动了特色蔬菜的高质量绿色发展。大葱、辣椒等特色蔬菜杂交种逐步替代常规种，产品抗性增强；大葱、大蒜部分产区已实现全程机械化，生产效率大幅提升；生姜设施栽培取得较大进展，提升了周年供应能力；绿色生产技术与质量安全追溯进一步提升了韭菜的品质与安全性。但是，我国特色蔬菜生产整体机械化水平仍偏低，种植、采运、加工环节机械化水平无法满足产业发展需要，目前特色蔬菜采运机械化率仅为 15%，收获基本为空白。水生蔬菜生产基本靠人工，存在劳动强度大、生产环境恶劣的"瓶颈"问题，机械化生产技术亟待开发。特色蔬菜加工仍以初级加工为主，加工企业的技术和装备相对落后，加工产品单一、加工程度低、产品附加值低，水生蔬菜采后保鲜技术水平不高，难以满足消费者对高品质产品的需求。

二、2021 年特色蔬菜产业发展趋势

随着消费者对健康、营养、绿色食品需求量的持续上升，鲜活的高端农产品需求旺盛，具有区域特色的优质水生蔬菜与辛辣蔬菜产品受到欢迎。预计 2021 年特色蔬菜产业将继续保持良好发展态势，产业转型升级加快。

（一）特色蔬菜生产区域布局调整步伐加快

2021 年我国特色蔬菜种植面积将稳中略升，部分特色蔬菜的区域布局调整加快。水生蔬菜将继续以传统产区为中心"外拓式"发展。茭白技术异地帮扶带动西部茭白新产区种植面积继续扩大。河北保定、邯郸以及河南驻马店、许昌等地浅水莲藕推广示范成功，将进一步带动北方莲藕种植面积逐步扩大。生姜产业"东姜北进"格局初步形成，河北、辽宁产区种植面积稳步增长。辣椒产业已形成新疆、内蒙古、甘肃等北方大辣椒产区，河南、山东、河北为主的北方小辣椒产区以及贵州、云南、四川、湖南等南方辣椒产区。大葱产业"南苗北运"趋势加强，传统北方休眠型品种逐渐减少，晚休眠耐抽薹品种逐渐增加。韭菜产业规模化经营趋势明显，中部主产区种植面积稳中有降，广东、云南和贵州等产区小幅增加。芥菜类蔬菜种植面积保持稳定，在以西南地区、华中地区、华东地区和华南地区加工型芥菜为主产区的基础上，湖北、浙江、北京等鲜食芥菜新产区逐步形成。

（二）特色蔬菜出口将继续保持增长态势

在国内国际双循环新发展新格局的背景下，国内特色蔬菜消费持续增长的同时，洋

葱、辣椒、大蒜等出口有望进一步增加。印度是全球主要的干辣椒和洋葱出口国，受印度国内疫情的影响，对中国的干辣椒与洋葱出口形成利好。韩国进口我国洋葱主要用于弥补国内供给缺口，国际需求不确定性较大，但预计也将有 10% 的增幅，出口量可达到 90 万吨。由于 2020 年大蒜价格同比下跌，受疫情影响其他主产国供应量减少的同时，全球对中国大蒜的需求量增加，2021 年出口量仍将保持上升态势。此外，东南亚、澳大利亚等新兴市场的进一步开发，也将拉动特色蔬菜出口增长。

（三）特色蔬菜价格行情不确定性增加

受疫情以及拉尼娜低温冰冻灾害等影响，2021 年特色蔬菜的总体供给与国内外需求均面临较大不确定性，价格波动风险犹存。自 2016 年以来，我国国内大蒜市场一直处于供过于求状态。受 2020 年"向前葱"拉动影响，大葱种植面积将提升，商品葱大量集中上市会导致价格有较大回落。2020 年重庆、四川芥菜种植面积小幅增加，2021 年 2 月芥菜价格略有下跌。我国辣椒以国内消费为主，疫情下餐饮业不景气降低了辣椒需求，辣椒价格下行压力增大。预计 2021 年莲藕、茭白、子莲、芋头、韭菜价格保持稳定；鲜辣椒、大蒜、洋葱价格小幅上升；生姜、大葱、干辣椒市场价格将有所回落。

（四）"小而特"地方特色蔬菜产业发展步伐加快

在城乡居民多样化、优质化、绿色化消费需求带动下，优质地方品种和野生品种特色蔬菜市场潜力进一步显现。野生品种的人工栽培和传统地方特色蔬菜的产业化将成为新的发展方向。襄阳大头菜（又称"孔明菜"）自 2016 年以来年均价格上涨 10%。缙云高山单季茭白产值可达 9120 元/亩，已连续三年保持高收益。内蒙古野生沙葱供不应求，目前内蒙古阿拉善、巴彦淖尔等区的人工露地栽培已超千亩，还发展设施栽培 240 多亩。2020 年内蒙古鄂尔多斯红葱注册了国家地理标志产品，成为调节食品风味的个性化调味品，市场前景好。此外，江西红芽芋、柳江双季藕、辽宁野生小根蒜的品牌化与规模化基本形成，市场潜力将进一步释放。韭菜、芽苗菜生产技术日臻完善，由于风味独特并且具有生产周期短、高产出、高效益的经济属性，城郊区域发展速度将会加快。

（五）特色蔬菜的金融属性推动产品交易模式创新

辣椒、大蒜等特色蔬菜产品不仅具有重要商品价值，还由于其易贮藏、可流通、受资金面供求状况影响大等特点，表现出明显的金融属性。商品属性与金融属性相互促进，使部分特色蔬菜具有较高的投资价值，远期交易和期货交易将成为特色蔬菜交易模式的重要创新。牡丹国际商品交易中心已开始大蒜、辣椒、生姜的大宗商品远期交易，其中，大蒜 6 个交易品种、干辣椒 4 个交易品种、大姜 2 个交易品种，大蒜 DS－2108 单日成交额达到 7.4 亿元，大姜 DJ－2105 单日成交额达到 1537 万元，交易工具的创新有效地推动传统商品贸易转型升级。大连商品交易所大蒜期货与辣椒期货产品也即将上市，未来特色蔬菜的生产经营者及相关产业可以通过金融工具进行贸易流通、控制风险和价格预测。

（六）特色蔬菜生产经营方式将面临创新与变革

特色蔬菜作为区域特色产品，以农户小规模经营为主，生产技术与经营相对落后于其他产业。近年来，随着社会变革与消费市场的变化，特色蔬菜生产与经营方式正经历大的变革与创新。现代化农业园区在技术引领、品种推广、机械应用中发挥重要作用，企业与合作社将成为产业发展的引领力量，并通过打造"产业强镇""产业小镇""一村一品""产业集群"等项目推动乡村振兴。此外，受疫情影响，以微商、生鲜平台、直播带货等为代表的电子商务拓宽了特色蔬菜营销渠道，河南麦小登直播卖大蒜，1.5 小时销售 25 吨，"李子柒"牌藕粉在电商平台月销量近 2000 万元。直播带货等体验式营销模式，打破农产品生产者与消费者之间的信息不对称，也突破了农产品销售的时间与空间限制，为地方特色蔬菜产品销售带来新的机遇。

三、特色蔬菜产业发展政策建议

受疫情对国际国内经济冲击以及市场供求不确定影响，特色蔬菜产业在 2021 年面临更大挑战，应通过制订产业规划、加强政策支持、强化种业自主创新、加大科技支撑、提升产品质量等措施，推动特色蔬菜全产业链发展。

（一）制订特色蔬菜"十四五"发展规划，实现产业高质量发展

现阶段，我国蔬菜市场已经饱和，但存在总量过剩与高端优质产品结构性短缺的矛盾。产品集中上市时价格大幅下跌的情况屡有发生，与此同时，高端优质特色蔬菜价格居高不下。特色蔬菜主产区应根据市场需求与地方自然资源禀赋制订特色蔬菜"十四五"产业规划，明确产业发展目标、基地布局与总体产业规模，以全产业链思路为引领，三产融合发展为方向，确定产业发展中品种优化、品牌创建、科技水平提升、数字化基地建设、贮藏加工、出口贸易与主体培育等重点内容，提升特色蔬菜产业的产品质量、经济效益与国际竞争力，实现特色蔬菜产业与乡村振兴有机衔接。

（二）加大特色蔬菜产业政策支持，打造乡村产业振兴硬支点

继续加强政府对特色蔬菜产业的各类财政、金融政策扶持力度，建立稳定的政策及资金投入机制，加强基础设施建设，推广贵州、山东、河南的"贵椒贷"、农银企业产业共同体、大蒜贷款贴息、大蒜价格保险、辣椒价格保险等支持政策成功经验，并积极引入工商资本进入特色蔬菜生产、加工与销售环节。创新工作机制与发展理念，加大特色蔬菜优势区建设力度，做大做强国家级与省级特色优势区，因时制宜、因地制宜制订不同类别、不同区域特色蔬菜优势区实施方案，将特色蔬菜优势区作为地方乡村振兴的硬支点。

（三）加强科技支撑，推进产业优质化、绿色化发展

绿色化、优质化、智能化是特色蔬菜产业未来的发展方向，因此，在蔬菜生产、加工、流通过程中应继续加大科技研发与投入，为产业高质量发展提供支撑。一是加强特色蔬菜绿色生产技术研发，集成优质高效生产配套技术；二是加大特色蔬菜播种、采收等环节机械研发的支持力度，将智能农机作为主打方向；三是加强全程冷链设施、物流技术与物理保鲜技术创新，研发更营养、健康的特色蔬菜精深加工产品，满足消费者对高品质农产品的需求；四是加强智能化、数字化技术应用，实现特色蔬菜生产数字、文本、图像、音频等数据的实时采集、分析与决策。

（四）激发育种创新活力，提升自育良种供给能力

2020 年中央经济工作会议特别强调，要"解决好种子问题"，倡议开展种源"卡脖子"技术攻关。蔬菜种子在我国农产品种子进口额中排名第一位，特色蔬菜品种研发与发达国家仍有较大差距，一些加工专用的蔬菜品种，如洋葱、大葱等仍以进口品种为主。应进一步完善种业科技创新体系，充分发挥各主体优势，健全种质资源保护与利用体系，建设种质资源库、提纯复壮地方优良品种，鼓励科研机构与种企加强品种研发合作，加快改良种质资源，紧跟国际育种技术研究动态，全面缩短育种周期，提升品种质量，明晰产权及利润分配机制，激发创新活力，提升自育良种供给能力。